QUANMEITI
SHIDAI SIXIANG
ZHENGZHIJIAOYU GUOCHENGLUN

全媒体时代
思想政治教育过程论

董扣艳◎著

ZHEJIANG UNIVERSITY PRESS
浙江大学出版社
·杭州·

图书在版编目(CIP)数据

全媒体时代思想政治教育过程论 / 董扣艳著. 一杭州：浙江大学出版社，2022.8
ISBN 978-7-308-22965-4

Ⅰ.①全… Ⅱ.①董… Ⅲ.①互联网络一应用一思想政治教育一研究一中国 Ⅳ.①D64—39

中国版本图书馆 CIP 数据核字(2022)第 154203 号

全媒体时代思想政治教育过程论
董扣艳 著

策划编辑	曲 静
责任编辑	许艺涛
责任校对	曲 静
封面设计	BBL 品牌实验室
出版发行	浙江大学出版社 (杭州市天目山路 148 号 邮政编码 310007) (网址：http：//www.zjupress.com)
排 版	浙江时代出版服务有限公司
印 刷	广东虎彩云印刷有限公司绍兴分公司
开 本	880mm×1230mm 1/32
印 张	7.25
字 数	163 千
版 印 次	2022 年 8 月第 1 版 2022 年 8 月第 1 次印刷
书 号	ISBN 978-7-308-22965-4
定 价	58.00 元

浙江大学出版社市场运营中心联系方式 (0571)88925591;http://zjdxcbs.tmall.com

目 录

导论:全媒体场域的形成与思想政治教育过程重构

在互联网特别是移动互联网的推动下,线上和线下生活世界相互融合,社会生活场域正在向全媒体状态过渡。全媒体技术生态重构了思想政治教育过程,使之呈现出一系列新变化、新矛盾和新特质。为此,在学理层面系统阐述思想政治教育过程的内在机理,是思想政治教育理论和实践发展的必然要求。总体而言,全媒体时代思想政治教育过程的理论研究要科学认识并妥善处理好“变”与“不变”以及“守正”与“创新”之间的辩证关系。

一、问题的提出

互联网对社会生活的影响是变革性的,不断涌现的新技术不断改写着日常生活的基本图式。现阶段,新技术支撑下的全媒体环境正在与思想政治教育过程双向驯化、互相同构。

(一)网络化:新技术革命与日常生活的深层质变

自 1994 年首次连接国际互联网至今,我国互联网发展已近三十载。从互联网 1.0 到互联网 2.0,从“互联网+”到移动互联网,再到当前人工智能、大数据、虚拟现实等新一代信息技术综合渗透到互联网发展全过程,技术日新月异的同时也在不断形塑着人们的生活方式。正如托夫勒的“信息炸弹”[①]隐喻所言，互联网促使人类的生产生活产生重大变革。我们必须认识到，互联网对人类生活的变革是深刻且彻底的。它不是作为一种技术手段简单地辅助人类生产生活实践，而是作为社会基础设施综合介入人们生产生活全过程中。

1. 互联网对社会生活的影响是重构性的

梅罗维茨认为，“每当一种新因素被导入一种旧系统中，我们从中获得的并不是这种旧环境加上该新元素，而是一种焕然一新的环境”[②]。互联网重塑了一个线上线下相融合的生活世界。“我们每个人现在都生活在这两个世界当中，而且进进出出很自如，根本不需要转换过程。”[③]线上线下生活世界之间不存在界限清晰的分割线，现实世界中渗透着网络世界，网络世界中折射出现实世界。互联网改变了日常生活的基本图式，并且重塑了社会的组织结构和交往模式。这一变化也重塑了思想政治教育过程，传统思想政治教育学原理已不能解释当前思想政治教育的新变化，迫切需要在学理层面重新予以阐释。

2. 互联网重塑社会生活

互联网对于社会生活的重塑，由浅至深体现在以下四个方面。首先，传播关系的建构方式发生根本性变革。以互联网为支撑的社交媒体参与塑造社会关系，重新建构了一种以平等对

---

① 阿尔文·托夫勒：《第三次浪潮》，朱志焱等译，北京：生活·读书·新知三联书店，1984 年，第 229 页。

② 约书亚·梅罗维茨：《消失的地域：电子媒介对社会行为的影响》，肖志军译，北京：清华大学出版社 2002 年，第 16 页。

③ 洪浚浩：《新媒体究竟如何影响我们这个社会》，见喻发胜主编：《新媒体与社会变革：融合·互联·共享国际学术研讨会论文集》，北京：中国传媒大学出版社，2017 年，第 114-115 页。

话为显著特征的新型传播关系。其次,个体的主体性得以前所未有地彰显和提升。互联网"对人类的主体性进行了重构"[①],极大拓展了个体参与公共生活的能力。再次,管理模式的根本性变革。网络关系链中的任何节点都可以生产、传播和接受信息,"金字塔式的组织形式将转向扁平化和虚拟性"[②]。最后,社会关系的结构性变革。个体通过互联网充分嵌入社会关系网中,并在与社会关系网中的其他节点交往时完成社会参与。

(二)全媒体:成为一种重构社会生活的时代特征

《求是》杂志于 2019 年第 6 期刊发习近平总书记关于建构全媒体传播格局的署名文章,指出"全媒体不断发展,出现了全程媒体、全息媒体、全员媒体、全效媒体,信息无处不在、无所不及、无人不用"[③]。这表明,全媒体成为一种重构社会生活的时代特征,"全程""全息""全员""全效"等"四全"特征成为我国信息传播格局的基本形态。

1. 全媒体的"四全"特征

全媒体的"四全"特征主要包括四个维度。第一,"全程"是时空维度。信息传播随时随地都可以发生,实现了全时空、零时差传播。此外,"身体在场"也不再是沟通发生的必要条件,人们可以通过互联网实现跨地域交往。第二,"全息"是技术维度。社会生活中的全部信息都以数据的形式记录、存储或传播,便于人们获取。第三,"全员"是主体维度。社会生活领域的各类主体都通过互联网参与交往,极大地提升了个体的主体性。第四,

① 夏德元:《个体传播地位的历史变迁与传育的时代命题》,《复旦学报(社会科学版)》2012 年第 6 期。

② 李锡元:《管理沟通》,武汉:武汉大学出版社,2013 年,第 2 页。

③ 习近平:《加快推动媒体融合发展构建全媒体传播格局》,《求是》2019 年第 6 期。

"全效"是功能维度。新兴媒体和传统媒体正在加速融合，并逐渐向统合社交、消费、娱乐、教育等多种功能于一体的平台化方向发展。这种一体化的媒体平台功能丰富，成为社会生活中全部数据汇总、周转和运营的枢纽。

2. 媒体融合的价值目标

在思想认识领域，坚持发展全媒体是为了"扩大主流价值影响力版图，让党的声音传得更开、传得更广、传得更深入"，并由此"形成网上网下同心圆，使全体人民在理想信念、价值理念、道德观念上紧紧团结在一起"①。新兴媒体和传统媒体融合发展的目的是建构"网上网下同心圆"。在这里，"融合"不是量变，而是质变。很多人在理解媒介融合时，往往单纯考虑传统媒体向新兴媒体的过渡，却没有意识到"媒介融合"比字面上的意思要复杂得多，它不是"1＋1＝2"的量变过程，而是一个"1＋1＞2"的质变过程，是媒体聚合并产生共振效应的结果。除了二者的形式和手段融合，我们还要在更深层次上认识到二者的组织和产业融合，以及由此所带来的社会融合。

3. 线上和线下生活世界融合发展

习近平总书记指出，"融合发展关键在融为一体、合而为一。要尽快从'相加'阶段迈向'相融'阶段，从'你是你、我是我'变成'你中有我、我中有你'，进而变成'你就是我、我就是你'"。② 这指明了媒体融合发展的三个阶段。第一，"你是你、我是我"阶段。线上和线下生活世界相互独立，并且线上生活世界更多是作为线下生活世界的辅助而存在。第二，"你中有我、我中有你"

---

① 习近平：《加快推动媒体融合发展构建全媒体传播格局》，《求是》2019年第6期。

② 《习近平新闻思想讲义（2018年版）》，北京：人民出版社、学习出版社，2018年，第107页。

阶段。线上和线下生活世界开始重叠,但这种重叠仅是局部的"相加",尚未达到深度融合。第三,"你就是我,我就是你"阶段。互联网成为基础设施贯穿于社会生活各领域,线上和线下生活世界融为一体、合而为一。显然,全媒体时代的媒体融合发展是"相融"而不是"相加"。这意味着,互联网对社会生活的重塑是变革性的,要求我们重新审视我们所处的新技术生活场域。

(三)全媒体时代思想政治教育过程的媒介化转向

现阶段,思想政治教育过程无时无刻不受到互联网的影响与规制。互联网不是作为技术工具简单介入思想政治教育过程中,而是作为社会的连接基础,不断重塑着整个思想政治教育过程。因此,全媒体对思想政治教育过程的影响不是参与性的,而是重构性的。

1. 思想政治教育过程向媒介化转型是大势所趋

全媒体时代,互联网作为社会基础设施渗透到思想政治教育全过程,在整体上重构了思想政治教育的实践逻辑,使之呈现出明显的媒介化特质。思想政治教育成为一种广义上的信息传播活动,遵循着全媒体场域中信息传播的基本规律。从信息传播角度来看,全媒体是"一种新的信息生产、传播与消费形态"[①]。网络内容生产不仅强调内容本身的意涵表征、呈现形式,还涉及内容生产主体、内容生产方式等因素。网络信息分发越来越受到智能算法干预,更加注重用户的个性化差异。用户在接触媒介时的动机、习惯和偏好各不相同,差异化的媒介使用状态使他们产生不同的体验。依据"生产—传播—消费"的信息传播脉络,

---

① 崔士鑫:《建设"全媒体",推动媒体融合向纵深发展——深入学习习近平总书记"1·25"重要讲话精神》,《传媒》2019年第3期。

思想政治教育过程向媒介化状态过渡的逻辑理路清晰呈现出来。

思想政治教育遵循着全媒体的“全程”“全息”“全员”“全效”特征，必须确立体现互联网思维的实践逻辑，使思想政治教育全过程充分彰显互联网的技术特征。尽管如此，这并不意味着思想政治教育所固有的意识形态性属性将要被全媒体的技术属性所消解，而是强调在遵循互联网技术逻辑的基础上更好地实现意识形态教化。思想政治教育不仅要坚守主流意识形态教育的根本价值目标，还要主动适应互联网技术的融合发展态势。我们还要认识到，无论互联网技术发展到何种程度，思想政治教育的关注点始终是“人”。在这个意义上，思想政治教育过程向媒介化转型的根本目的是适应全媒体的时代特征，遵循并利用互联网规律，提高教育成效，更好地促进人的全面发展和社会的全面进步。

2. 全媒体时代思想政治教育的新变化

对应着全媒体时代的“全程”“全息”“全员”“全效”四个特征，思想政治教育的新变化也要从上述四个维度加以把握。

在时空维度，思想政治教育逐渐突破了时空限制。在互联网出现之前，“身体在场”和“同时在场”是思想政治教育必不可少的两个基本条件。教育主客体必须同时存在于同一场域中，否则就无法开展思想政治教育。现如今，互联网渗透到社会现实生活中，突破了思想政治教育的时空界限，教育主客体随时随地能够进行交往互动。

在形态维度，思想政治教育的表现形式更加丰富。在大数据、AI、AR、VR、MR 等技术手段支持下，任何与思想政治教育相关的信息都可以变成数据。思想政治教育的形式不再局限于传统的课堂教学，而是以微信、微博、抖音等多种媒介形态为载体，同时以文字、图片、音频、动画、视频等多种媒体形式呈现出来。

在社会维度,思想政治教育的参与主体更加多元。网络信息传播是一种离散的网状结构,社会关系网中的每个节点被充分激活。个体的主体性前所未有地彰显出来,多元主体共同参与思想政治教育。网状结构还改变了以往自上而下的信息传播模式,形成了多向互动的新型传播模式。

在效能维度,思想政治教育的教育效能更加全面。全媒体正在向统合社交、教育、文化传播、娱乐和消费等多种功能于一体的平台化方向发展。在这一趋势下,思想政治教育过程越来越寓于个体日常生活之中,全面释放出更加强大的教育效能。同时,借助于大数据、AI、云计算等技术所绘制的用户画像,思想政治教育有针对性地进行信息生产和传播,使教育对象获得更加全面、深刻的参与体验。

二、研究目的及意义

(一)研究目的

研究的直接目的是在学理层面系统论述全媒体时代思想政治教育过程的新变化、新矛盾和新特质,并进一步揭示媒体融合发展趋势下思想政治教育过程的运行规律。以"四全"为主要特征的全媒体时代在本质上重构了思想政治教育过程,使得整个思想政治教育过程的构成要素和运作机理都发生了变化。与之相应,基于构成要素以及运作机理而生成的思想政治教育过程矛盾呈现出显著的全媒体特质。基于此,思想政治教育过程内部的各个要素之间的相互作用关系,以及整个思想政治教育过程与外部全媒体场域之间的内在联系也发生了变化。可以说,全媒体时代对思想政治教育过程的影响是重构性的,迫切需要在学理层面进行系统的研究和论述。

研究的间接目的是通过系统的理论研究,揭示媒体融合背景下思想政治教育过程发展的新走向,为全媒体时代的思想政治教育实践提供理论指导。面对不断变化的思想政治教育环境,以往的思想政治教育过程理论在某些方面已经不具备彻底的理论解释力和说服力。由于缺乏有力的理论指导,在实际的思想政治教育过程中也出现了很多问题和挑战。现阶段,如何在思想政治教育过程中深刻体现互联网思维?如何按照“网上网下同心圆”建构的预期目标,不断推进线上和线下思想政治教育过程的有机融合?要想解决这些问题,前提是在学理层面进行回应,从而为新技术条件下的思想政治教育实践提供理论支撑。

(二)研究意义

对于全媒体时代思想政治教育过程的研究,不仅要在基础理论研究上有所突破,还要在方法论意义上形成符合“四全”特征的规律性认识。因此,本研究具有理论揭示和实践指导双重意义。

(1)从全媒体的时代特征出发,建构符合“四全”特性的思想政治教育过程理论研究框架,重塑媒体融合趋势下思想政治教育过程的理论版图。

全媒体时代的到来,不仅为思想政治教育过程理论带来了新的研究领域和适用空间,也提出了许多新的研究问题与研究方向。在全媒体场域中,面对不断更新的融合育人实践,扎根其上的思想政治教育过程理论必须作出回应。思想政治教育过程是否存在主客体、主客体的区分标准以及全媒体环境是否思想政治教育过程的构成要素等基本问题,都需要重新论证。如何在继承以往思想政治教育过程理论的基础上，结合全媒体的“四全”特性，进一步建构符合全媒体时代特征的思想政治教育过程研究框架，是当前思想政治教育过程理论研究的一项重要任务，也是本书试图解决的主要任务。

（2）正视全媒体时代思想政治教育过程理论发展的必然性，在继承以往理论合理因素的基础上，持续推动思想政治教育过程理论发展、更新与完善。

从哲学的生成性思维来看，思想政治教育过程是一个不断变化、持续生成的过程。随着国家发展、社会进步和技术变革，思想政治教育过程总是处于持续发展的运动状态。因此，不存在一成不变、永久适用的思想政治教育过程理论，对于全媒体时代思想政治教育过程的考察也必然是一个不断持续的过程。本书研究全媒体场域中的思想政治教育过程，即是基于媒体融合时代背景，将关于思想政治教育过程新变化、新矛盾和新特质的感性认识，进一步总结、提炼和升华成关于全媒体时代思想政治教育过程内在本质与规律的普遍性认识。同时，全媒体时代思想政治教育过程理论与以往思想政治教育过程理论仍一脉相承，需要在延续与扬弃以往思想政治教育过程理论的基础上，继续向前推进。

（3）深刻认识全媒体与思想政治教育过程的“双向驯化”关系，在思想政治教育全过程中确立互联网思维，促进实现思想政治教育过程的媒介化转型。

当前，思想政治教育过程的媒介化转型存在阻碍，主要是由于人们对互联网的认识存在偏差。一直以来，人们习惯将互联网视为辅助社会生活的工具，而没有在更深层次上认识互联网对社会生活的重塑作用。互联网不仅是一种工具、一个渠道，而且是一种重构社会生活的结构性力量。只有充分认识到这一点，思想政治教育过程的运行才能把准互联网技术发展的脉搏，并顺应互联网的技术逻辑，向符合社会要求的预期目标迈进。不能仅仅将全媒体场域视为思想政治教育过程的一个构成要素，而应将其视为思想政治教育过程的外部环境，从更为宏观的视角把握全媒体场域对思想政治教育过程的深刻影响。

(4)科学揭示全媒体时代思想政治教育过程理论与实践的转化逻辑，促进思想政治教育由线下为主的育人范式向线上线下融合的协同育人范式转变。

对于全媒体时代思想政治教育过程的理论研究，是为了揭示全媒体场域中思想政治教育过程的内在本质和普遍规律，从而更好地发挥媒体融合发展趋势下思想政治教育对于个体全面发展以及社会全面进步的促进作用。直至互联网出现之初，思想政治教育都是一种"线下育人"的方式。现如今，思想政治教育已经转变为一种线上和线下融合的协同育人范式。尽管全媒体场域给思想政治教育过程带来诸多困扰，但是从长远角度来看，利用全媒体传递社会诉求是大势所趋。只有主动顺应时代潮流，以扬弃的态度对待全媒体，正确看待全媒体发展过程中的曲折和挑战，善于识别并把握全媒体时代给思想政治教育过程创新发展营造的机遇，才能抓住数字中国建设背景下思想政治教育过程向媒介化转型的契机，推动思想政治教育过程的理论研究和实践探索迈向新阶段。

三、研究现状述评

国内外学术界关于全媒体、思想政治教育过程以及二者融合的研究均有一定成果，为本研究提供了宝贵的思想资源。

(一)关于媒体融合和全媒体的研究

全媒体是媒体融合发展的高级形态。对于全媒体概念的理解和把握,必须结合媒体融合的研究现状,才能在逻辑上厘清全媒体的发展进路。现阶段,国内外学术界关于媒体融合和全媒体的研究已形成较为清晰的理论脉络。

1. 国内研究

国内关于媒体融合和全媒体的研究始于传播学研究领域。学者们从不同角度论述了媒体融合和全媒体的内涵、特征、阶段、目标以及二者之间的关系。

(1)媒体融合发展阶段和目标

第一,媒体融合的发展阶段。有学者借用自然科学思维阐述了“融合”的三重境界。[①] 一是物理意义上的结合。以冰水共存为例,冰依然是冰,水依然是水,二者在结合时没有发生根本的性质变化。尽管新兴媒体和传统媒体共存,但它们彼此相互独立。二是物理意义上的融化。以冰融化成水为例,冰的形态发生了变化,但分子结构没变。传统媒体开始借鉴新兴媒体的形式,但它的媒介文化、媒介功能等仍未变。三是化学意义上的化合。以氢气与氧气结合生成新物质为例,物质形态和分子结构都发生了变化。新兴媒体和传统媒体的所有权、受众、渠道、媒介文化等要素的结构与功能都在向深度融合状态过渡。

第二,媒体融合的发展目标。媒体融合不仅是媒体创新发展的目标,同时也是实现这一目标的手段。媒体融合发展应突破形式上的“全”,通过有机融合多种媒体的传播优势,实现不同

① 支庭荣:《我国媒体融合发展的内在逻辑与焦点问题》,《学术前沿》2019年第2上期。

媒体形式之间的聚合效果。[①] 媒体融合的显著特征是价值导向性，倘若脱离这一属性，媒体融合就失去了根本意义。因此，媒体融合发展的目标是打造新型主流媒体，通过实现新旧媒体的"融为一体、合而为一"，更好地传播主流意识形态。

综上所述，媒体融合发展是个循序渐进的过程，依次经历从初级到中级，再由中级到高级的演进步骤。然而，无论媒体融合推进到何种程度，媒体正面引领社会价值的导向功能不会改变，媒体的意识形态属性也不会淡化。

(2)全媒体与媒体融合关系

关于全媒体与媒体融合关系的认识，主要存在两种观点：

观点一：全媒体是媒体融合发展的高级阶段。有学者指出，"'全媒体'所描述的是媒介融合发展过程中的高级阶段"[②]，多种媒介之间实现了传播内容、手段、技术等各种资源的有机融合。还有学者将全媒体形容为"媒体融合向纵深发展的下半场"。[③] "媒体融合的上半场"描述的是媒体融合发展的初级阶段，此时新旧媒体尚未有机融合。"媒体融合的下半场"则是指媒体融合发展的高级阶段，此时新旧媒体已实现了形态、结构和功能的融合。

观点二：全媒体是媒体融合发展的新方向和新态势。有学者认为，全媒体的"全"揭示出"融合"正在向纵深发展。[④] 媒介融

① 严三九：《技术、生态、规范：媒体融合的关键要素》，《学术前沿》2019年第2上期。

② 彭虹：《涌现与活动：网络社会的传播视角》，北京：中国社会科学出版社，2010年，第3页。

③ 李莉娟：《媒体融合下半场外宣期刊转型的若干思考》，《对外传播》2020年第2期。

④ 刘扬：《媒体融合：在不断突破中向纵深迈进》，《青年记者》2020年第1上期。

合在经历“相加”“相融”阶段之后，将进一步向“融为一体，合而为一”阶段发展。在这一阶段，传统媒体和新兴媒体的融合体现为“你就是你，我就是我”，二者在形态、结构和功能等多个方面都呈现出深度融合状态。

综上所述，媒体融合与全媒体存在密切的内在关联。全媒体是媒体融合发展的成熟阶段，媒体融合向纵深发展的最终目标就是全媒体。当媒体融合达到“你就是我，我就是你”的深度状态时，就意味着已建成全媒体。“全媒体”不是凭空出现的，而是顺势产生于媒体融合的长期实践。认清二者关系，有利于我们更加准确地把握全媒体发展趋势。

（3）全媒体的时代特征

全媒体不是一种具体的媒体形态，而是当前我国媒体所处的时代特征。学者们从多个角度对此进行了分析，初步形成了较为完备的理论成果。

第一，全媒体的具体内涵。一方面，“四全”的基本内容。“四全”是一种“崭新的传播理念”[①]，正在重塑信息传播格局。“全程”“全息”“全员”“全效”依次从时空、形态、主体和功效四个维度[②]，强调了全媒体的全过程融入、全技术手段、全员参与以及全部效果等特征。[③] 另一方面，“四全”之间的逻辑关系。“全程”“全息”“全员”的出发点和落脚点都是“全效”，[④]效果是衡量信息传播的根本标准。信息传播过程的“全天候”，传播技术手段的

---

① 方提、尹韵公：《习近平的“四全媒体”论探析》，《马克思主义研究》2019年第10期。

② 殷陆君等：《“四全媒体”：媒体融合新方向》，《传媒》2019年第4下期。

③ 郭全中：《全程全息全员全效媒体创新探析》，《中国出版》2019年第4期。

④ 刘元华：《如何深入认识“全效媒体”的基本内涵》，《传媒》2019年第4下期。

信息化、数据化与智能化，以及参与主体的多元化，都是为了实现最佳传播效能。

第二，全媒体的深远影响。全媒体是“所有接收、表达的方式和形态完全一体化”[①]，深刻改变了社会信息的生产、传播和消费方式。传播格局和舆论生态也由此发生显著变化，要求舆论引导工作适时作出调整。面对全媒体给社会生活带来的巨大变化，构建全媒体传播体系已成为“一场不容回避的自我革命”[②]。全媒体塑造了新的生活理念，使“用户至上、体验为王、免费模式等”[③]成为社会生活的新风尚。

第三，打造全媒体的实践路径。一是正确把握并处理好新旧媒体的关系。全媒体和传统媒体不是对立关系。传统媒体是全媒体的重要组成部分，打造全媒体必须对传统媒体进行扬弃。[④] 二是把握受众是构建全媒体传播体系的关键。[⑤] 打造全媒体旨在满足人民群众的美好生活需要，必须重视用户需求。三是遵循媒体融合的客观规律。“四全”是“新闻信息传播合规律性发展的重要成果”[⑥]。打造全媒体传播体系，不仅要遵循互联网的技术运行逻辑，还要遵循新媒体发展规律、现代新闻传播规律和舆论引导规律。

---

① 陈力丹：《习近平论“建设全媒体”》，《新闻爱好者》2019 年第 4 期。

② 胡正荣：《构建全媒体传播体系：内涵与层次》，《新闻与写作》2019 年第 8 期。

③ 刘香吉：《关于新时代全媒体理念的解读与思考》，《行政管理改革》2019 年第 7 期。

④ 叶芳：《全媒体时代的网络新闻：理论、方法与技术》，广州：世界图书出版广东有限公司，2016 年，第 24 页。

⑤ 赵子忠、郭好：《构建全媒体传播体系的路径和关键》，《新闻与写作》2019 年第 8 期。

⑥ 方提、尹韵公：《习近平的“四全媒体”论探析》，《马克思主义研究》2019 年第 10 期。

总而言之,全媒体成为当前社会生活所处的时代特征。随之而来的是社会生产力和生产关系的调整和重构,催生了社会生活的新变化。根据客观规律推进媒体融合发展,是全媒体与社会生活有机融合的基本要求。

2.国外研究

国外学界率先提出"媒体融合"概念,学者们不仅注意到了新兴媒体和传统媒体的内在联系,还从多个角度分析了两者"融合"的特征、实质、目标和路径。

(1)媒体融合特征与实质

尼葛洛庞蒂最先提出"media convergence"概念(译为"媒体融合"),认为不同媒介形态融合之后会形成一种新的媒介形态。这种新的媒介形态不是新旧媒介的简单叠加,而是一种全新的媒介形态。不同媒介打破了泾渭分明的独立状态,呈现出多功能一体化趋势。新传播技术产生了新的媒介功能,并且这种新的媒介功能总是大于原先各部分媒介功能相加的总和。还有一些学者从其他视角论述了媒体融合的特征和实质。

第一,媒体融合的逻辑起点。吉莉安·道尔认为,互联网技术变革是媒体融合的逻辑起点。正源于此,互联网内容生产逐渐向数字化方向转移,数字化技术贯穿互联网内容生产全过程。数字化技术重塑了互联网内容的生产、消费和传播方式,[①]在本质上改变了社会信息生产实践的基本运行模式。作为一种新的生产方式,数字化技术还进一步改变了社会关系的组织与维系方式,成为影响、控制甚至是支配人类社会行为的重要因素。

---

① Latar N L. The Robot Journalist in the Age of Social Physics: The End of Human Journalism? [M]// The New World of Transitioned Media. Cham: Springer International Publishing, 2015:65-80.

第二，新旧媒体的内在关联。媒体融合既不单纯指新媒体对旧媒体的重塑，而是强调二者之间的相互影响。杰伊·博尔特用“再中介化”概念强调新旧媒体之间的双向塑造关系。他指出，任何媒介的产生和发展势必以先前的媒介条件为基础。尽管新媒介对旧媒介造成冲击，但这也意味着新的机遇，促使传统媒介根据新技术发展趋势及时调整存在形态。

第三，媒体融合的根本特征。詹金斯以“融合文化”概念来指称媒体生产与消费方式变化所带来的文化变迁。“我们正生活在一个通过媒体平台日益整合的文化中”[①]，要重新审视媒介变革所形成的融合文化。媒体融合的根本特征是基于技术融合的文化融合，文化融合是技术融合的发展方向和高级形态。不能把媒体融合的视角简单局限在技术融合上，还要从传播方式、文化产业、社会变革等更为宏大的视角把握媒体融合的文化意义。

通过对上述几个关键问题的归纳与总结，我们可以认识到，媒体融合是一个复杂的质变过程，涉及深层次的社会组织结构调整，要从整体性视角看待它对社会生活的深刻形塑。

(2)媒体融合影响与路径

第一，媒体融合的深刻影响。在詹金斯的融合文化理论框架中，新媒体和旧媒体正在以前所未有的方式相互碰撞，[②]被动接受文化逐渐被主动参与文化所取代。网络内容生产者和消费者的关系被重构，个体由被动的网络内容消费者转变为积极的网络内容生产者。

① 亨利·詹金斯:《融合文化:新媒体和旧媒体的冲突地带》，杜永明译，北京:商务印书馆，2012年，第8-9页。

② 亨利·詹金斯:《融合文化:新媒体和旧媒体的冲突地带》，杜永明译，北京:商务印书馆，2012年，第30页。

第二，媒体融合的演化路径。在数字技术的推动下，媒体融合改变了媒体工作以及媒体公司的运营和结构。媒介的各种要素，诸如技术、内容、创意、产业、市场以及受众等，都呈现出数据化、智能化和平台化等特征。

综上所述，媒体融合不单局限在信息传播领域，而是触及全社会各领域的综合实践。它也不单是传播学领域的一个学术概念，更是重塑中国社会的一项战略实践。媒体在社会变迁中"牵一发而动全身"，必须以更高的站位和更大的格局看待媒体融合。

（二）关于思想政治教育过程的研究

1. 国内研究

国内学界关于思想政治教育过程的研究成果颇丰，已经形成了相对完善的理论体系。系统梳理现有成果，学者们的研究视域主要集中在以下七个方面。

（1）思想政治教育过程的含义

开展思想政治教育过程的理论研究，首先要界定它的含义。学者们着眼于不同的理论视野，从多个角度界定了"思想政治教育过程"概念的含义。

一是辩证法视角。"过程"是唯物辩证法的重要范畴。科学认识思想政治教育过程，必然要将唯物辩证法作为分析依据。陆庆壬指出，施教和受教两个过程是辩证统一的有机整体。[①] 这一提法可以理解为思想政治教育过程动态运行表述的雏形。此后，关于思想政治教育过程的认识多数都体现出辩证法意蕴。

二是功能论视角。这一视角基于实际效用的角度界定思想政治教育过程的内涵，把思想政治教育过程视为实现个体社会

① 陆庆壬：《思想政治教育学原理》，上海：复旦大学出版社，1986 年，第 116 页。

化转型的必经阶段。邱伟光认为，思想政治教育过程就是促进形成社会所期望的个体思想道德品质的过程。[①] 张耀灿、郑永廷、吴潜涛等学者从唯物史观出发，揭示了思想政治教育对社会发展的促进意义。他们认为，思想政治教育不是专属社会主义制度文明的实践活动，而是所有社会都存在的精神交往活动。[②]

三是系统论视角。该视角认为思想政治教育过程是个完整的系统，由不同要素构成。陈秉公考察了作为一个系统的思想政治教育过程与其内部诸要素之间的辩证关系，强调用联系和发展的观点开展思想政治教育活动。[③] 骆郁廷分析了教育者和受教育者的双向互动关系，强调个人发展与社会进步并不是非此即彼的对立关系，而是具有内在一致性。[④]

四是人本论视角。致力于促进个体的全面发展，是思想政治教育始终秉持的价值追求。思想政治教育过程是"特殊的培养人的德性的精神生产过程"，施教双方围绕个性发展与人格成长的目的参与精神交往实践。[⑤] 思想政治教育过程不仅有精神生产活动，还有精神生产活动的扩大再生产。施教双方的精神需求在彼此的持续交往中不断得到满足。

总之，要在整体上认识和把握思想政治教育过程及其诸要素之间的内在联系，还要从实际效用和价值要求等角度理解思

① 邱伟光：《思想政治教育学概论》，天津：天津人民出版社，1988 年，第 170 页。

② 张耀灿、郑永廷、吴潜涛等：《现代思想政治教育学》，北京：人民出版社，2006 年，第 324 页。

③ 陈秉公：《思想政治教育学原理》，北京：高等教育出版社，2006 年，第 115 页。

④ 骆郁廷：《思想政治教育原理与方法》，北京：高等教育出版社，2010 年，第 102 页。

⑤ 刘烨：《现代思想政治教育过程研究》，北京：中国社会科学出版社，2009 年，第 154 页。

想政治教育过程的特殊性。

(2)思想政治教育过程的本质

“本质”是思想政治教育过程研究的关键,规定着思想政治教育的根本属性。学界研究主要包括以下四种视角:

一是哲学视角。从哲学的存在论意义出发界定思想政治教育过程的本质,认为思想政治教育过程的本质表征着“各种现象得以存在的根据”[①],体现在两个维度。在价值引导维度,能够体现出思想政治教育作为一项特殊教育实践的自觉性特征;在行为建构维度,强调通过价值引导实现个体的思想道德建构,并且促进实现行为转化。

二是政治学视角。主张从思想政治教育的特殊属性来认识思想政治教育过程的本质,即将其理解为“意识形态领域政治权力的展现或运作过程”[②]。与一般教育活动不同,思想政治教育是一项承载意识形态的特殊教育活动,思想政治教育过程中必然蕴含着政治权力。

三是社会学视角。从个体社会化角度出发,提出思想政治教育旨在“将一个不适应,或不完全适应社会发展需要的人,培养成为能够适应一定社会发展需要的合格社会成员”。[③] 由此,思想政治教育过程的本质是实现人的社会化,使个体成长为遵守社会规范的共同体成员。

四是德育学视角。认为思想政治教育过程的本质即是思想道

① 褚凤英:《思想政治教育过程的本质再认识》,《学校党建与思想教育》2011年第3期。

② 唐芳云:《遮蔽与解蔽:思想政治教育过程本质反思》,《学术论坛》2014年第6期。

③ 陈秉公:《思想政治教育学原理》,沈阳:辽宁人民出版社,2001年,第128页。

德主体的生成。通过发挥教育对象的自主建构作用,促进“教育对象的思想道德主体性在思想政治教育过程中主体性地得到发展、提升”[①],使教育对象成长为具有道德自主能力的思想道德主体。

总的来说,思想政治教育过程的本质应该揭示思想政治教育的意识形态属性,并规定思想政治教育过程中一切事物和现象的存在依据。

(3)思想政治教育过程的运行阶段和环节

“阶段”和“环节”被用来描述思想政治教育过程从产生到结束的“一般操作程序”[②]。不同阶段和环节之间紧密联系、环环相扣,但是又存在质的区别,当它们串联起来连续发生作用时,就能使思想政治教育过程从一个状态过渡到另一个状态。有以下三种思路:

一是探讨了“阶段”和“环节”之间的逻辑关系。用“阶段”和“环节”来划分思想政治教育过程,必须厘清二者的区别和联系。[③] 二者相互渗透、相互包含,一个阶段中总是包含许多环节,而一个环节也总是能够根据现实需要被划分为多个阶段。[④]

二是基于整体性视角划分不同的阶段和环节。施教过程、受教过程和思想认识的矛盾转化过程相互交叠。[⑤] 该观点把发

---

① 刘烨:《现代思想政治教育过程研究》,北京:中国社会科学出版社,2009年,第176页。

② 张耀灿、陈万柏:《思想政治教育学原理》,北京:高等教育出版社,2001年,第90页。

③ 赵野田、张应平:《思想政治教育过程研究综述》,《思想政治教育研究》2009年第2期。

④ 李俊奎:《思想政治教育学导论》,哈尔滨:黑龙江人民出版社,2015年,第168页。

⑤ 陈秉公:《思想政治教育学原理》,沈阳:辽宁人民出版社,2001年,第132页。

生于“施教”与“受教”之间的“思想认识转化”也看作是一个基本环节。其中,“施教”过程是前提,而“思想认识转化”过程则是目的。还有学者从个体和社会关系出发,认为思想政治教育过程包括“外部实践”和“内在实质”两个过程,其间还伴随着社会思潮、社会风气以及个体思想品德的形成发展过程。①

三是基于过程演进状态划分不同的阶段和环节。张耀灿和陈万柏②、罗洪铁和董娅③、靳玉军和周琪④等学者都把思想政治教育过程的演进划分为内化、外化和反馈检验三个阶段。

综上所述,国内学界对于思想政治教育过程运行“阶段”和“环节”的认识角度多元,但现有研究主要着眼于二者的互通性,忽视了差异性,造成对二者认识的模糊与混乱。

(4)思想政治教育过程的特征

“特征”表现了思想政治教育过程在不同阶段不同环节所呈现出来的独特风格。在整体活动实施方面,由“有目的的”⑤逐渐发展完善至学界广泛认可的“有目的、有计划、有组织的”⑥,突出了思想政治教育过程的组织有效性和管理科学性特征。在教育

---

① 平章起、梁禹祥:《思想政治教育基本理论问题研究》,天津:南开大学出版社,2010年,第152页。

② 张耀灿、陈万柏:《思想政治教育学原理》,北京:高等教育出版社,2001年,第91页。

③ 罗洪铁、董娅:《思想政治教育原理与方法基础理论研究》,北京:人民出版社,2005年,第104-105页。

④ 靳玉军、周琪:《思想政治教育学原理》,重庆:西南师范大学出版社,2015年,第96-97页。

⑤ 邱伟光:《思想政治教育学概论》,天津:天津人民出版社,1988年,第170页。

⑥ 张耀灿、郑永廷、吴潜涛、骆郁廷等:《现代思想政治教育学》,北京:人民出版社,2006年,第324页。

目标角度，陈万柏[①]提出了鲜明的正面性、积极的引导性特征，刘烨[②]提出了人本性、超越性特征。在实施要求角度，靳玉军和周琪[③]提出了正面控制性特征，陈秉公[④]提出了塑造与改造的统一性特征，吴满意提出了生成与转化统一的特征，胡凯[⑤]提出了“教育者实施教育的价值引导主导性削弱的去中心化趋势”以及“受教育者网民接受教育主体性增强”的双重性。在教育方法角度，张慧欣和杜晶波[⑥]提出了引导性与渗透性统一、互教性与自教性统一的特征，靳玉军和周琪[⑦]提出了要求原则性与实施灵活性统一的特征，胡凯[⑧]提出了教育方法选择的多样性特征。在实施周期角度，张耀灿和陈万柏[⑨]提出了同时性与多端性特征，张慧欣和杜晶波[⑩]提出了反复性与渐进性统一的特征。在教育环境角

---

① 陈万柏：《思想政治教育学原理》，北京：中国人民大学出版社，2012年，第220-222页。

② 刘烨：《现代思想政治教育过程研究》，北京：中国社会科学出版社，2009年，第162页。

③ 靳玉军、周琪：《思想政治教育学原理》，重庆：西南师范大学出版社，2015年，第93-96页。

④ 陈秉公：《思想政治教育学原理》，沈阳：辽宁人民出版社，2001年，第138-141页。

⑤ 胡凯：《网络思想政治教育过程的特点及心理规律初探》，《思想教育研究》2016年第9期。

⑥ 张慧欣、杜晶波：《思想政治教育学原理新编》，沈阳：东北大学出版社，2016年，第108-112页。

⑦ 靳玉军、周琪：《思想政治教育学原理》，重庆：西南师范大学出版社，2015年，第93-96页。

⑧ 胡凯：《网络思想政治教育过程的特点及心理规律初探》，《思想教育研究》2016年第9期。

⑨ 张耀灿、陈万柏：《思想政治教育学原理》，北京：高等教育出版社，2001年，第92页。

⑩ 张慧欣、杜晶波：《思想政治教育学原理新编》，沈阳：东北大学出版社，2016年，第108-112页。

度,靳玉军和周琪[1]提出了社会开放性特征,吴满意[2]着眼于网络生活新变化提出了确定性与非确定性统一的特征。

通过对上述研究成果的梳理与总结,可以发现,思想政治教育过程的特征是一种具象化存在,每一个特征都直接体现在思想政治教育过程的各个方面。

(5)思想政治教育过程的构成要素

思想政治教育过程由多个要素构成,学界对此的看法主要有七种代表性观点(见表0-1)。

表0-1 关于思想政治教育过程构成要素研究的代表性观点

理论观点	构成要素
三要素说	教育者、受教育者、社会要求的思想政治品德规范[3]
	教育者、受教育者、教育内容与方法[4]
	教育者及其教育活动,教育对象及其接受、内化与外化教育信息的活动,教育手段(包括教育内容、途径、方法)[5]
	教育者、受教育者、教育介体

① 靳玉军、周琪:《思想政治教育学原理》,重庆:西南师范大学出版社,2015年,第93-96页。

② 吴满意:《论网络思想政治教育过程的基本特征》,《毛泽东思想研究》2012年第4期。

③ 陆庆壬:《思想政治教育学原理》,上海:复旦大学出版社,1986年,第116页。

④ 邱伟光:《思想政治教育学概论》,天津:天津人民出版社,1988年,第175页。

⑤ 王礼湛:《思想政治教育学》,杭州:浙江大学出版社,1989年,第172页。

续表

<table>
<tr><th colspan="2">理论观点</th><th>构成要素</th></tr>
<tr><td rowspan="5">四要素说</td><td rowspan="3">四体结构论</td><td>教育主体、教育客体、教育中介、教育环境①</td></tr>
<tr><td>教育者、受教育者、教育内容和方法、社会环境及其所提供的支撑条件②</td></tr>
<tr><td>教育者、被教育者、教育内容、社会经济关系③</td></tr>
<tr><td>三体一要素说</td><td>“三体”分别指教育者、受教育者、教育环境,“一要素”指媒介要素,包括教育目的、教育内容、教育手段和教育活动④</td></tr>
<tr><td>信息传播视角</td><td>作为“信源”的教育者,作为“信宿”的受教育者,作为“讯息”的教育目标与内容,作为“媒介”的教育载体与方法⑤</td></tr>
<tr><td colspan="2" rowspan="2">五要素说</td><td>教育主体、教育客体、教育内容、教育方式、教育目标⑥</td></tr>
<tr><td>教育目标、教育内容、教育方法、教育技巧、教育技术⑦</td></tr>
<tr><td colspan="2" rowspan="2">六要素说</td><td>教育者、受教育者、教育目的、教育内容、教育手段、教育组织形式⑧</td></tr>
<tr><td>教育者、教育对象、教育内容、教育目的、教育方法、教育情境⑨</td></tr>
</table>

① 金鉴康:《思想政治教育学》,北京:水利电力出版社,1987年,第158页。

② 张耀灿、邱伟光:《思想政治教育学原理》,北京:高等教育出版社,1999年,第100页。

③ 仓道来:《思想政治教育学》,北京:北京大学出版社,2004年,第75页。

④ 陈秉公:《思想政治教育学原理》,北京:高等教育出版社,2006年,第127页。

⑤ 翟中杰:《高校网络思想政治教育过程研究》,博士学位论文,西北工业大学,2017年,第58-64页。

⑥ 孟志中:《思想政治教育要素论》,《中国青年政治学院学报》2003年第22期。

⑦ 文大稷、秦在东:《思想政治教育要素的再思考》,《学校党建与思想教育》2009年第9期。

⑧ 张耀灿:《思想政治教育学原理》,武汉:华中师范大学出版社,1988年,第117、130页。

⑨ 沈壮海:《思想政治教育有效性研究》,武汉:武汉大学出版社,2008年,第61页。

续表

理论观点	构成要素
七要素说	教育者、教育对象、教育内容、教育方式、教育目标、教育效果、教育反馈①
八要素说	教育者、教育对象、教育信息、教育载体、教育噪声、教育情境、教育效果、教育反馈②
十要素说	从系统工程学角度将思想政治教育母系统划分为十个子系统,包括主体系统、客体系统、内容系统、方法系统、环境系统、思想系统、原则系统、信息系统、决策系统和评价系统③

一是包括哪些构成要素。学者们普遍认为,教育主体和教育客体是思想政治教育过程必不可少的两个基本要素。相比而言,他们对于教育介体囊括哪些元素的认识存在分歧,部分学者将其理解为教育内容和方法,还有学者则把教育目标、载体也视为中介因素。由于侧重点不同,他们对于教育环境是否思想政治教育过程的构成要素也各执所见。

二是构成要素之间的关系。思想政治教育过程的诸要素相互作用,是构成思想政治教育过程的基本单元。学者们普遍认为,在思想政治教育过程中,教育介体是连接教育主体和教育客体的中介。离开了中介因素,思想政治教育活动的发生和演进就无法进行。

三是构成要素的新变化。相关研究主要集中在互联网给构成要素带来的新变化。杨立英从思想、心理和行为等方面阐述了互联网情境中教育对象的新变化,认为网络在促成青年形成现代观

① 朱燕、吴连霞:《浅析思想政治教育要素的构成》,《前沿》2005 年第 12 期。

② 叶雷:《思想政治教育要素新论》,《前沿》2004 年第 6 期。

③ 田曼琦、白凯:《思想教育系统工程学》,北京:人民出版社,1989 年,第 62-67 页。

念、激发求知欲、增强主体性的同时，也使青年思想和行为发生异化与变迁，呈现出诸多传统社会不可预测的新特征。[①] 蔡元元和刘娟娟认为，在新媒体环境中，教育者的权威性受到挑战，受教育者的主体性空前提高，迫切要求能够找到有效的应对策略。[②]

总之，学界关于思想政治教育过程构成要素的认识不一，需要进一步厘清诸要素之间的相互作用关系，并在整体上把握它们与思想政治教育过程的内在联系。

(6)思想政治教育过程的矛盾

思想政治教育过程的矛盾包括基本矛盾和具体矛盾两种基本形态。学界研究主要集中在二者的内涵、地位以及表现形式等方面。

一是基本矛盾。基本矛盾是思想政治教育过程中最关键的矛盾，在整个矛盾体系中居于主导地位，决定着其他全部具体矛盾(见表0-2)。学者们对于基本矛盾的认识集中体现为“应然”和“实然”关系。“应然”是社会期望达到的教育要求，“实然”是教育对象思想政治品德素质的现有水平。由“实然”向“应然”转化提升，是思想政治教育过程的矛盾运动趋势。

表0-2　关于思想政治教育过程基本矛盾研究的代表性观点

	思想政治教育过程的基本矛盾
观点一	“教育者掌握的社会要求的思想政治品德规范”与“受教育者思想政治品德水平”之间的矛盾[③]

① 杨立英：《网络思想政治教育论》，北京：人民出版社，2003年，第142-149页。

② 蔡元元、刘娟娟：《新媒体环境下思想政治过程教育研究》，北京：中国广播影视出版社，2018年，第126页。

③ 陆庆壬：《思想政治教育学原理》，上海：复旦大学出版社，1986年，第117页。

续表

	思想政治教育过程的基本矛盾
观点二	“教育者按照社会的要求提出的教育任务”与“受教育者现有的思想道德基础”之间的矛盾①
观点三	“社会和人的发展对思想政治观点、道德品质的要求”与“教育对象思想道德面貌的现状”之间的矛盾②
观点四	“社会意识形态的期望境界”与“个体思想品德的现有状况”之间的矛盾③
观点五	“教育者所掌握的一定社会的思想品德要求”与“受教育者的思想道德水平”之间的矛盾④
观点六	“社会发展所需要的思想品德和心理素质”与“受教育者现有水平”之间的矛盾⑤
观点七	“一定社会的思想品德要求”与“受教育者的思想品德水平”之间的矛盾⑥

二是具体矛盾。思想政治教育过程的具体矛盾由基本矛盾所决定，在某一阶段某一环节中具体表现基本矛盾的运动趋势。具体矛盾体现了诸要素之间的相互作用关系，以及不同要素与外部环境之间的相互作用关系。具体矛盾揭示了教育主体、客体、内容、方法、载体以及外部环境之间的相互作用关系（见表 0-3）。

① 邱伟光：《思想政治教育学概论》，天津：天津人民出版社，1988 年，第 175 页。

② 王礼湛：《思想政治教育学》，杭州：浙江大学出版社，1989 年，第 214 页。

③ 刘书林、陈立思：《青年思想政治教育学原理》，北京：中国青年出版社，1999 年，第 54 页。

④ 张耀灿、陈万柏：《思想政治教育学原理》，北京：高等教育出版社，2001 年，第 94 页。

⑤ 陈秉公：《思想政治教育学原理》，沈阳：辽宁人民出版社，2001 年，第 166 页。

⑥ 蔡元元、刘娟娟：《新媒体环境下思想政治过程教育研究》，北京：中国广播影视出版社，2018 年，第 180 页。

表 0-3　关于思想政治教育过程具体矛盾研究的代表性观点

	思想政治教育过程的具体矛盾
观点一	教育要求分别与受教育者本人的思想行为、受教育者周围人们的行为存在不一致和不相符；受教育者内在精神世界发展要求与他的能力、满足这些要求的方式之间存在矛盾；个人经验与教育过程对其重新评价之间的矛盾①
观点二	教育者分别与受教育者、教育内容和教育方法存在矛盾；受教育者分别与教育内容、教育方法存在矛盾；教育影响与社会环境的自发影响存在矛盾②
观点三	教育者分别与受教育者、教育介体、教育环体之间存在矛盾；受教育者分别与教育介体、教育环体之间存在矛盾；教育介体与教育环体之间的矛盾③
观点四	行为规范方面，约束和自由的矛盾；指导思想方面，一元和多元的矛盾；态度转化方面，自律和他律的矛盾；教育环境方面，封闭和开放的矛盾④

三是二者的逻辑关系。一方面，二者共同构成了思想政治教育过程的矛盾体系。基本矛盾规定和影响思想政治教育过程的其他矛盾，⑤并通过其他一系列具体矛盾表现出来。⑥ 基本矛

① 陆庆壬：《思想政治教育学原理》，上海：复旦大学出版社，1986 年，第 117-120 页。

② 邱伟光：《思想政治教育学概论》，天津：天津人民出版社，1988 年，第 175 页。

③ 张耀灿、陈万柏：《思想政治教育学原理》，北京：高等教育出版社，2001 年，第 94 页。

④ 蔡元元、刘娟娟：《新媒体环境下思想政治过程教育研究》，北京：中国广播影视出版社，2018 年，第 180 页。

⑤ 邱伟光：《思想政治教育学概论》，天津：天津人民出版社，1988 年，第 175 页。

⑥ 张耀灿、陈万柏：《思想政治教育学原理》，北京：高等教育出版社，2001 年，第 94 页。

盾贯穿思想政治教育全过程,规定着思想政治教育过程的本质,制约着其他具体矛盾的发展和演变趋势。[①] 可见,基本矛盾是在矛盾体系中占主导地位、起决定性作用的矛盾,而具体矛盾则从不同侧面表现基本矛盾,并在基本矛盾的规定范围内发展与演变。

(7)思想政治教育过程的规律

思想政治教育过程的规律包括基本规律和具体规律两种形态。学界主要从它们各自的内涵、地位以及表现形式等方面进行了研究。

一是基本规律。基本规律与基本矛盾相对应,揭示了思想政治教育过程基本矛盾运动的必然趋势。基本规律是在思想政治教育过程中起主导作用的规律,体现了思想政治教育过程中不同构成要素之间的本质联系。张耀灿把基本规律概括为主动性与能动性对立统一的双向性规律,强调实施教育、接受教育与自我教育的有机统一。[②] 宋元林认为网络思想政治教育过程具有符合互联网特征的特殊规律。[③]

二是具体规律。思想政治教育过程的具体规律受到基本规律制约,与它的具体矛盾对应。张耀灿认为,具体规律包括双向互动规律、内化外化规律、协调控制规律、自我教育规律、主体差异规律、客体诱发规律、反复递进规律和周期波动规律等。陈秉公认为,规律包括社会适应规律、要素协同规律、过程充足规律、

---

① 蔡元元、刘娟娟:《新媒体环境下思想政治过程教育研究》,北京:中国广播影视出版社,2018 年,第 180 页。

② 张耀灿:《思想政治教育学原理》,武汉:华中师范大学出版社,1988 年,第 130 页。

③ 宋元林:《网络思想政治教育》,北京:人民出版社,2012 年,第 54 页。

人格行为规律、自我同一规律。[①]

三是二者的逻辑关系。基本规律在规律体系中居于总体上的最高层次，在思想政治教育全过程中起着主导作用。[②] 具体规律在规律体系中居于第二层次，受到基本规律制约，并由它所规定。具体规律下面还有一系列子规律，处于规律体系的第三个层次。[③]

综上所述，基本规律揭示了思想政治教育过程基本矛盾运动的必然趋势，由基本矛盾所决定。因此，把握基本矛盾是掌握基本规律的前提。具体规律是基本规律在不同方面的体现，一系列具体规律从多个侧面体现了基本规律。

2. 国外研究

国外虽不存在“思想政治教育”说法，但却客观存在思想政治教育实践，通常以“公民教育”“道德教育”等指代思想政治教育，相关研究也间接论述了思想政治教育过程。

(1)公民教育过程

国外学界从政治文化、公民身份、公民参与等方面对此加以考察。

首先，基于政治文化的考察。美国学者诺丁斯将公民教育视为重要的政治教育形式。[④] 公民教育蕴含着传递国家主流意识形态的特殊价值目标。乔尔·斯普林认为，美国学校教育所要建立的教育体系既要传播科学文化知识，又要“在美国青年人

---

① 陈秉公：《思想政治教育学原理》，沈阳：辽宁人民出版社，2001 年，第 167-185 页。

② 陈成文、徐景学：《论思想政治教育过程的基本规律》，《探索》1999 年第 1 期。

③ 韦冬雪：《思想政治教育过程规律体系探微》，《学术论坛》2008 年第 8 期。

④ 内尔·诺丁斯：《21 世纪的教育与民主》，陈彦旭等译，北京：人民出版社，2015 年，第 189 页。

的心灵中培植美德和自由的原则,用于对国家的神圣归属感激励他们",并且后者是不容忽视的关键目标。[①] 美国公民教育的根本目的是通过公民教育赢得公民对国家的忠诚。在美国的中小学阶段,爱国主义教育体现在学生日常生活各方面,唱国歌、尊重国旗、学习美国的语言和文化等仪式都是促使学生对国家产生归属感的重要途径,有利于学生增强对美国的热爱与忠诚。

其次,基于公民身份的考察。"身份"是个社会学概念。基于公民身份考察公民教育过程,实质就是探讨公民身份建构与政治社会化的内在关联。20 世纪中叶,西方政治学领域兴起了关于政治社会化的研究热潮,代表人物有戴维·伊斯顿、杰克·丹尼斯、赫伯特·海曼、理查德·道森、肯尼思·普雷维特等。他们认为,公民身份不是少数人的特权,而是全体社会成员所共有的身份符号。在身份符号的约束与规制下,个体有序参与社会公共生活,推进政治民主化进程向前更替。

最后,基于公民参与的考察。美国学者托马斯·欧立希和欧内斯廷·付在对比、总结和反思两代人公共服务经验的基础上,从树立典范、服务于公共利益、兼顾大局与细节、正视复合性动机、具备道德领导力、具有明确的目标、正视回报等七个维度分析了有效公共参与的关键因素。[②] 他们认为,驱使人们参与公民活动的动机是复杂多样的,不能忽视个体从中获得参与满足感的目的。获得奖励或收获感激不是公民参与的真正回报,通过帮助他人顺利渡过难关所获得的满足感才是更高价值的真正回报。

---

① 乔尔·斯普林:《美国学校教育传统与变革》,史静寰等译,北京:人民教育出版社,2010 年,第 68-69 页。

② 托马斯·欧立希、欧内斯廷·付:《公民参与公民教育——两代人对公共服务的反思》,蒋菲等译,北京:人民出版社,2015 年,第 13-124 页。

总之，国外公民教育经历了漫长的演变过程，是一种具有意识形态属性的特殊教育实践。无论是社会主义意识形态还是资本主义意识形态的国家，都不可避免地要对其民众采取意识形态教育，引导民众有序参与公共生活。

（2）道德教育过程

国外学界关于道德教育过程的研究主要包括系统论、目的论和方法论等视角。

一是系统论视角。菲洛诺夫将德育进程视为一个“完整的开放系统”，认为该系统“能够有效促进现代社会的全部复杂进程一体化地呈现在人的意识之中”[①]。他认为德育是一种“总体性社会事实”，贯穿于各个教育领域。德育伴随着复杂的矛盾转向。为了推进德育不断向前演进，必须根据群体差异构建不同层次的社会教育系统，并在日常生活中加强对个体的道德态度关注和行为引导，不断提高个体的自我教育能力。

二是目的论视角。诺丁斯将道德教育视为“全人教育”，强调道德教育过程必须和“人的道德发展、人格发展和精神发展产生密切的联系”[②]。道德教育过程以建立和谐关系为基础，使个体养成得体的待人接物方式。诺丁斯提出“自然关怀”概念，强调个体出于责任感而不是功利性目的关心他人。他认为，可以通过树立楷模、参与对话、为学生提供践行关怀的机会、善用“肯定”等方式加强师生间的相互关怀关系，进而实现“自然关怀”。

三是方法论视角。杜威首次明确反对道德灌输，认为它不

---

① 格·尼·菲洛诺夫：《德育进程：方法论与发展战略》，雷蕾等译，北京：人民出版社，2016年，第44页。

② 内尔·诺丁斯：《21世纪的教育与民主》，陈彦旭等译，北京：人民出版社，2015年，第156页。

是一种理想的道德教育方法。“强迫接受,伴随着对不顺从的学生给予惩罚和对服从的学生给予奖励。”[①]道德灌输的主要特点是强制性,这种过于绝对化的教育方式可能会对学生的道德行为作出误判,出现背离预期目标的反向强化现象。科尔伯格也反对将道德灌输作为道德教育的方法,[②]需要找到一种更加隐蔽的教育方式,向学生传递道德观念。

综上所述,道德教育过程不仅有独特的价值目标,还有特殊的教育方法。它寓于日常生活之中,需要以系统思维在整体上认识与把握它的特殊性。

(三)关于全媒体与思想政治教育过程融合的研究

1. 国内研究

随着全媒体对社会生活的深刻形塑,学界开始关注全媒体对思想政治教育过程的影响。全媒体与思想政治教育过程的融合研究,已成为当前思想政治教育理论研究的前沿问题。

(1)全媒体时代的高校思想政治教育

第一,全媒体时代高校思想政治教育的新特征与新优势。全媒体时代具有信息共享、即时互动、话语赋权、碎片传播、媒介融合等新的传播特征[③],改变了自上而下的传播方式。在全媒体影响下,高校思想政治教育的内容、载体、主体和效果分别呈现出全程互动传播、全息深度融合、全员参与互动和全效实现态势

---

① 赵祥麟、王承绪:《杜威教育论著选》,上海:华东师范大学出版社,1981 年,第 379 页。

② 戚万学:《冲突与整合——20 世纪西方道德教育理论》,济南:山东教育出版社,1995 年,第 459 页。

③ 梁庆婷、包娜:《全媒体时代思想政治教育话语的困境反思》,《中国矿业大学学报》(社会科学版)2019 年第 6 期。

等特征。①

第二，全媒体时代高校思想政治教育的新问题与新挑战。全媒体传播的多元性特征对大学生的主流意识形态认同造成冲击，娱乐化元素削减了主流意识形态的权威性。开放的信息传播不仅增加了受众辨别信息真实性的难度，还使网络暴力横生。② 对于全媒体与思想政治教育融合，部分高校教师也缺乏主动融入、利用和治理的意识。③

第三，利用全媒体创新与优化高校思想政治教育的策略与路径。有学者提出，通过加强全媒体舆论引导、创新全媒体手段、搭建全媒体平台、培养全媒体素养等方式有效发挥高校思想政治教育的育人功能。④ 还有学者认为应借助于全媒体优势，从话语导向、依托形式和表达方式等路径入手，不断提高大学生理想信念教育的深度和广度。⑤

（2）全媒体时代思想政治理论课的课程建设

一方面，利用全媒体推进思想政治理论课话语体系创新。有学者立足于全媒体的“四全”特征，认为全程媒体打破了时空限制，改变了思想政治理论课的话语情境；全息媒体丰富了信息内容，冲击了思想政治理论课的话语内容；全员媒体实现了多主

---

① 杨智勇：《全媒体时代大学生思想政治教育的审视与优化》，《思想理论教育》2019 年第 12 期。

② 李馨宇、李菡婷：《全媒体时代大学生主流意识形态认同与调适》，《思想理论教育导刊》2019 年第 12 期。

③ 杨仲迎、薛深：《全媒体样态与高校思想政治教育的融合研究》，《学校党建与思想教育》2019 年第 9 期。

④ 杨仲迎：《全媒体背景下高校思想政治教育有效性研究》，《学校党建与思想教育》2018 年第 9 期。

⑤ 张亚兰：《全媒体时代大学生理想信念教育的三维路径》，《人民论坛》2019 年第 7 中期。

体参与，调整了思想政治理论课话语主体间的关系；全效媒体实现了多渠道表达，打破了思想政治理论课话语表达的单一性缺陷。①

另一方面，利用全媒体推进思想政治理论课教学方法创新。全媒体为高校思想政治理论课教学方法的综合创新提供了技术条件支撑，能够根据学生需求有效分发信息，促进了教学内容传播与教学方法改革的有机结合。②

(3)关于全媒体时代宣传思想工作的研究

第一，全媒体时代宣传思想工作的新境遇与新要求。全媒体优化了信息传播的速度、内容、方式和领域，使全媒体舆论场成为当前最主要的舆论阵地。③ 同时，传播格局的扁平化弱化了宣传思想工作的效力，社交媒体的非线性传播消解了主流媒体的舆论引导力，全媒体管理的去中心化削弱了主流意识形态的传播力。④

第二，全媒体时代宣传思想工作的主流价值引领。在媒体融合背景下，要推动马克思主义传播向纵深发展。⑤ 但是，主流价值的引领作用“不能体现在机械地重复概念及反映其内涵的词句，而是要贯穿于信息传播的全过程中”⑥。

---

① 简臻锐：《全媒体时代思想政治理论课话语体系的创新发展》，《思想理论教育》2019 年第 11 期。

② 许慎：《全媒体时代思想政治理论课教学方法的综合创新》，《思想理论教育》2019 年第 12 期。

③ 丁小芳：《全媒体时代舆论场的结构演化及其引导》，《南通大学学报(社会科学版)》2019 年第 4 期。

④ 李超民：《论全媒体环境下宣传思想工作的创新》，《思想理论教育》2019 年第 6 期。

⑤ 魏士国：《搭融媒体快车传播马克思主义》，《人民论坛》2019 年第 7 期。

⑥ 宋建武：《全媒体传播格局中的主流价值引领》，《新闻与写作》2019 年第 11 期。

第三，全媒体时代宣传思想工作的路径创新。宣传思想工作应借助全媒体的传播优势，通过创新宣传路径开启工作新局面。有学者结合全媒体的时代特征，提出了宣传思想工作路径创新的四个维度，[①]包括开展全流程和全时空的宣传、借助高新技术有效收集和传播信息、推进宣传思想工作者和教育对象的多元化、实现媒体功能和宣传效率的高度融合。

纵观国内学界关于全媒体与思想政治教育过程融合的研究成果，不难发现，学者们多从思想政治教育实践角度出发，认识全媒体时代特征给思想政治教育发展带来的机遇和挑战，尝试探索将全媒体有效融入思想政治教育过程的方法，以及利用全媒体更好实现教育效果的路径。然而，很少有研究成果从思想政治教育学原理高度对二者的融合关系做系统的梳理与阐发。关于全媒体究竟如何融入思想政治教育过程，以及互联网思维究竟如何转化为思想政治教育过程实践逻辑的研究相对不足，仍需进一步研究和阐释。

2. 国外研究

国外学界关于新技术融入教育过程的研究主要集中于信息技术与教育变革的关系，着重体现在新技术驱动下的教学模式和教学范式创新。

一方面，新技术渗透到教育过程。维克托·迈尔-舍恩伯格和肯尼思·库克耶论述了大数据对教育领域产生的根本性变革，认为这种变革绝不止于技术层面，还改变了“教”和“学”本质。教师为学生制定个性化学习方案，不断优化学习内容、时间

① 崔建西：《论全媒体时代宣传思想工作路径创新》，《学校党建与思想教育》2019 年第 8 期。

和方式。[①] 托马斯·欧立希和欧内斯廷·付认为,“利用科学技术进行公民参与”[②]成为公民教育的常态。

另一方面,新技术背景下“教”与“学”的新模式。“MOOC”(massive open online course)、“SPOC”(small private online course)、“翻转课堂”等混合式学习成为世界各国教育变革的新方向。还有学者从优化在线合作学习的角度,探讨了网络空间学习共同体建设的路径,认为教育资源运动要能够引发教育实践的转型。[③]

总之,国外学界也探讨了新技术对教学过程的调整与重塑。全媒体时代,互联网正在驱动教育领域酝酿一场教育范式创新运动。当前,各类“+互联网”或者“互联网+”教学改革实质上都是教育活动与互联网连接的积极尝试。全媒体时代的教育范式创新应该是教育活动与互联网的有机融合,教育领域如何全面体现互联网思维,仍有待探索。

四、研究思路与方法

(一)研究思路

本书立足于全媒体时代的“全程”“全息”“全员”“全效”等特性,在借鉴以往研究成果的基础上,重新探讨了符合上述“四全”特性的思想政治教育过程理论议题,并试图建构起符合全媒体

---

① 维克托·迈尔-舍恩伯格、肯尼思·库克耶:《与大数据同行:学习和教育的未来》,赵中建等译,上海:华东师范大学出版社,2014年,第102-104页。

② 托马斯·欧立希、欧内斯廷·付:《公民参与公民教育——两代人对公共服务的反思》,蒋菲等译,北京:人民出版社,2015年版,第150页。

③ Coughlan, Tony Perryman. Survey on the Use and Effect of Open Educational Resources[J]. Journal of Open Flexible & Distance Learning,2012(3):85.

时代特征的思想政治教育过程理论框架。本书坚持系统思维和问题导向，紧紧围绕习近平总书记提出的“扩大主流价值影响力版图，让党的声音传得更开、传得更广、传得更深入”，并由此“形成网上网下同心圆，使全体人民在理想信念、价值理念、道德观念上紧紧团结在一起”①等指导思想，全面聚焦“全媒体时代思想政治教育过程”这一主线，以构建“大宣传”工作理念和“大思政”教育格局为实践目标，从线上和线下思想政治教育过程联动育人的综合视角，系统论述了全媒体的“四全”特性给思想政治教育过程带来的新变化、新矛盾和新特征，并揭示了全媒体场域中思想政治教育过程的新规律。

本书一共包括五章，各章间密切联系、互为印证。第一章“全媒体时代思想政治教育过程研究的理论依据”是全书研究的理论基石，为研究提供了科学的理论支撑。第二章“全媒体时代思想政治教育过程的要素、结构与功能”和第三章“全媒体时代思想政治教育过程的运作机理与基本态势”分别从静态的构成要素以及动态的运作机理角度，阐释了全媒体时代思想政治教育过程的存在形态。第四章“全媒体时代思想政治教育过程的矛盾”建立在前面两个章节的基础上，从哲学层面对基本矛盾和具体矛盾进行阐释，并且详细梳理了全媒体场域中思想政治教育过程的多组矛盾关系及其具体表现。第五章“全媒体时代思想政治教育过程的规律”以第四章为基础，从“网上网下同心圆”建构的预期目标和实践要求出发，力图建构一个符合全媒体时代“四全”特性的金字塔型规律体系。

① 习近平：《加快推动媒体融合发展构建全媒体传播格局》，《求是》2019 年第 6 期。

(二)研究方法

第一,文献研究法。在大量文献阅读和系统文献梳理的基础上,对迄今为止国内外学术界关于"全媒体""思想政治教育过程"以及二者融合的相关成果进行系统梳理,为界定全媒体时代思想政治教育过程研究的逻辑架构,以及具体分析和论证提供科学理论支撑。

第二,系统分析法。全媒体时代思想政治教育过程是个系统,不仅思想政治教育过程内部各个构成要素之间存在着相互作用关系,而且整个思想政治教育过程系统与外部全媒体场域之间也存在着相互作用关系,需要在整体上加以分析。

第三,归纳演绎法。本书在理论分析和阐述过程中还使用了归纳演绎法,通过对具体现象的抽象概括,归纳演绎得出其所对应的理论解释。特别是在第四章"矛盾"和第五章"规律"的论述中,就多次使用了归纳演绎法。

第四,比较分析法。通过比较线上和线下思想政治教育过程的区别,推演出全媒体场域中思想政治教育过程的教育主体、教育客体和教育介体出现的新变化。通过探讨以往思想政治教育过程理论在全媒体场域中的适用边界,明晰当前思想政治教育过程理论发展的实践定位,促进思想政治教育过程理论发展符合全媒体时代的"四全"特性。

五、创新之处与不足

(一)创新之处

一是研究视角新。社会认识具有相对滞后性,人们关于全媒体场域中思想政治教育过程的理论认识要相对滞后于具体实践。在以往，社会各界将线下生活世界视为思想政治教育过程的主要场域，而线上生活世界的教育过程仅是作为一种补充形式而存在。随着互联网成为社会基础设施，网络在社会生活中无处不在、无时不有。全媒体信息传播格局使社会舆论主体、媒体格局和传播方式发生深刻变化，思想政治教育过程的理论形态和实践方式也不断跳涨。基于线上和线下生活世界融合的视角研究思想政治教育过程，具有一定新意。

二是分析理路新。本书按照“要素—结构—功能”逻辑，揭示了作为一个系统的思想政治教育过程，除了具备教育主体、教育客体和教育介体等构成要素，它们之间所存在的不同排列组合还会形成多种不同类型和功能的结构。此外，基于发生学视域，揭示思想政治教育过程运行的发生和持续机理，解释不同构成要素间是如何联系的，以及为什么会发生这样或那样的联系。在分析过程中，整体围绕全媒体的“四全”特性，力图在关于思想政治教育过程的研究框架和行文演绎中揭示与体现符合全媒体时代特征的互联网思维。

三是内容观点新。本书紧扣全媒体时代的“四全”特性，在相关理论的意涵表述上具有一定新意。在第二章，阐述了全媒体场域中是否存在思想政治教育过程的主客体、全媒体时代思想政治教育过程主客体的区分标准等问题。在第三章，提出“全媒体环境与构成要素之间始终保持适度张力”“构成要素和思想政治教育过程本身是不断生成的”等观点。在第四章，提出全媒体时代思想政治教育过程的基本矛盾是“网上网下同心圆建构的预期目标与社会成员思想品德素质的现有水平之间的矛盾”。在第五章，提出全媒体时代思想政治教育过程的基本规律是“适应超越律”，具体表现为“全程传播格局下思想政治教育过程的思想转化规律”“全息渗透态势下思想政治教育过程的技术影响规律”“全员参与背景下思想政治教育过程的聚合作用规律”以及“全效融合状态下思想政治教育过程的联动协同规律”。

（二）不足之处

本书在整体上侧重于理论分析，实践分析论证不足。由于本书一开始的定位和出发点就是基本理论研究，所以全书主要侧重于对全媒体时代思想政治教育过程的基本理论阐述，相应地，对于具体实践分析和论证则相对欠缺。

第一章　全媒体时代思想政治教育过程研究的理论依据

科学的理论依据是全媒体时代思想政治教育过程研究的坚实基础，包括理论基础和理论借鉴两个部分。理论基础即是追本溯源，决定着思想政治教育过程的本质属性。思想政治教育过程强调线上线下联动，根据社会要求提高个体的思想政治品德水平，并使之成长为合格的社会成员。思想政治教育过程研究的理论基础必须且也只能是马克思主义理论。理论借鉴即是他山之石，思想政治教育过程研究要运用其他学科的理论工具分析全媒体场域中信息传播和社会交往的客观形态，建构起具有现实解释力的思想政治教育过程理论体系。理论依据指导本书的理论框架建构和直接经验总结，为研究提供有力的理论支撑。

一、全媒体时代思想政治教育过程研究的理论基础

自学科成立时起，马克思主义理论基础就是思想政治教育学的自我理论约定，指导着学科建设及其有序发展。“思想政治教育学作为一门综合性的应用科学，它必须以马克思主义为理

论依据。”[①]马克思主义不仅为思想政治教育的具体实践提供方法论指导，也为思想政治教育的学理研究提供理论支撑。毋庸置疑，全媒体时代思想政治教育过程研究的理论基础必须且也只能是马克思主义。纵观马克思主义理论体系，马克思主义过程理论、交往理论以及共同体理论对本研究具有直接指导意义，为全书的理论框架建构奠定理论基础。

（一）马克思主义过程理论

马克思主义经典作家关于过程理论的分析总是与他们对社会现实问题的关注融为一体。我们可以从他们对于劳动过程、社会发展过程以及灌输过程等问题的分析中，深刻体会他们对于过程理论的独到见解。

1. 劳动过程理论

首先，劳动过程客观存在于人类历史的各个时期。在马克思看来，劳动“是不以一切社会形式为转移的人类生存条件”[②]，任何社会中都存在着劳动过程。从人类历史更替的角度来看，任何社会形式中都存在着人类的劳动实践。受到社会生产力发展水平限制，不同历史时期的劳动过程表现形式各不相同。尽管如此，不同历史时期都存在着劳动过程，人类历史正是在持续不断的劳动实践中向前更替。

其次，劳动过程的演进与外部环境之间存在着密切联系。马克思在《资本论》中以单独的章节专门论述了劳动以及劳动过程，可见他对劳动过程研究的重视。他指明了劳动过程和外部自然环境间的内在联系，认为劳动“是人和自然之间的物质变换

---

① 陆庆壬：《思想政治教育学原理》，上海：复旦大学出版社，1986 年，第 25 页。

② 《马克思恩格斯文集》第 5 卷，北京：人民出版社，2009 年，第 56 页。

即人类生活得以实现的永恒的自然必然性”①。劳动过程就是人类通过自身劳动改变自然环境，使人与自然和谐统一的过程。对于劳动过程的考察，要考虑到它与外部环境之间的相互作用关系。

最后，劳动过程中存在着多种矛盾，突出表现为异化劳动。马克思在《1844 年经济学哲学手稿》中指出：“人同自己的劳动产品、自己的生命活动、自己的类本质相异化的直接结果就是人同人相异化。”②他从劳动过程的矛盾性出发，揭示了异化劳动的负面影响。在正常情况下，工人是劳动产品的生产者、加工者和改造者，他们也理所当然地是劳动产品的享有者。然而，在资本主义私有制的剥削下，工人生产的劳动产品被资本家所强制占有，导致工人只能沦为出卖劳动力以维持生存的商品。工人的劳动对象变成了不依赖他们甚至是与他们对立的独立力量。并且，工人生产的劳动产品越多，他就被剥削得越彻底。在分析异化劳动时，马克思揭示出劳动过程是一个矛盾集合体，其间充斥着多样化的矛盾。

2. 社会发展过程理论

首先，社会发展是合规律性与合目的性的统一。社会发展具有特定的内在规律，不以人的意志为转移。社会发展的主体是人，个体的思想、心理、意志和行动都会对社会发展产生影响。尽管社会发展的规律不以人的主观意志为转移，但它与社会成员的利益诉求和价值追求相联系，并依靠人的实践活动才能实现。社会发展的规律是可以被把握的，认识社会的过程就是把

① 《马克思恩格斯文集》第 5 卷，北京：人民出版社，2009 年，第 56 页。

② 《马克思恩格斯全集》第 3 卷，北京：人民出版社，2002 年，第 274 页。

握社会发展规律的过程。马克思正是在考察人与人、人与自然关系的基础上，科学揭示了社会发展规律。

其次，生产力是影响社会发展的决定性力量。马克思和恩格斯在分析社会矛盾运动时指出："一切社会变迁和政治变革的终极原因，不应当到人们的头脑中，到人们对永恒真理和正义的日益增进的认识中去寻找，而应当到生产方式和交换方式的变更中去寻找；不应当到有关时代哲学中去寻找，而应当到有关时代的经济中去寻找。"[①]生产力是决定社会发展的根本力量，也是促使社会生活更替和社会文明进步的根本动力因素。由于生产力总是不断进步，社会生活形态和社会文明形态也总是处于不断向前发展的状态。

最后，社会是由多种要素构成的有机整体。马克思在批判资本主义制度时深刻揭示了对社会有机体的认识，认为资本主义发展强调资本积累，忽视了上层建筑的同步发展，导致社会生活中出现多种异化现象。作为上层建筑要素的资本主义制度，不仅没有改善自身以适应社会生产力水平，反而进一步加紧了资本攫取。这也是马克思力图推翻资产阶级统治的根源所在。在任何社会中，经济基础和上层建筑相互联系、相互作用。倘若二者各行其是，或者相互对立，社会发展必然会出现危机并陷入混乱状态。只有当各要素间相互联系、相互作用时，社会发展才能处于有序状态并保持平稳运行。

3. 灌输过程理论

首先，灌输是一项对象化活动。列宁指出，科学社会主义理论灌输的对象是工人群众。理论灌输过程中存在着活动的施受

---

① 《马克思恩格斯选集》第3卷，北京：人民出版社，1995年，第27页。

双方，即灌输主体和灌输客体。作为一种对象化活动，理论灌输将统治阶级的价值目标作为出发点和驱动力。“无产阶级是哲学的物质载体，那么，哲学相应也成为无产阶级革命的思想武器，经过无产阶级革命思想的灌输，德国广大的无产阶级才能实现其历史使命。”①统治阶级只有把自己的指导思想传递给群众，才能获得他们的认可和支持。不仅如此，理论灌输还要借助中介手段才能实施。在理论灌输的对象化活动中，无论是物质工具还是思维工具，都是理论灌输必不可少的。

其次，传播媒介在灌输过程中具有重要作用。在不同时期，传播媒介的表现形态各不相同。在马克思和恩格斯所生活的资本主义发展阶段，以文字为主要呈现形式的报刊是理论传播的重要载体。他们曾多次用文字对社会现实问题展开揭露和批判，其中不乏很多与他们观点相左者的论战和交锋。当以电力为基础的大众传媒融入社会生活时，广播、电视等正式成为理论灌输的媒介载体。当前，以互联网为载体的传播媒介成为理论灌输的新媒介。

最后，灌输是动态发展过程。列宁在《怎么办？》一文中遵循“为何灌输、灌输什么、如何灌输”的逻辑理路系统论述了灌输理论。他认为，工人阶级不能自发形成科学的社会主义意识，②要立足于革命实践向工人灌输科学社会主义理论。③ 在灌输理论发展历程中，历经过无用论、否定论和过时论等多种质疑声音。不管是上述何种质疑态度，其实都没有意识到灌输是个动态发展的过程。在不同历史时期，灌输的具体形态和价值目标都有

---

① 《马克思恩格斯选集》第1卷，北京：人民出版社，1995年，第15-16页。

② 《列宁全集》第6卷，北京：人民出版社，1986年，第29页。

③ 《列宁全集》第6卷，北京：人民出版社，1986年，第76页。

其特殊性，不存在一种在各个历史时期都普遍适用的灌输形态和方法。正因如此，我们需要以发展的眼光不断审视灌输的特殊性，准确把握它在不同时期的运行规律。

(二)马克思主义交往理论

马克思和恩格斯从个体的交往活动出发，深度剖析了人类社会的交往关系，逐渐建构起历史唯物主义的理论框架。思想政治教育过程本质上是一种交往过程。因此，对于思想政治教育过程的认识，必然离不开马克思主义交往理论的指导。

1. 交往主体理论

第一，人是社会交往的主体。人不仅是社会关系的生产者，同时也是社会关系的产物。人们通过交往生产出人类社会的各种社会关系，并由此形成家庭、氏族、民族和国家等其他交往主体。交往主体不是人们凭空臆想出来的某一个体或群体，而是"现实的人"，"这些个人是从事活动的，进行物质生产的，因而是在一定的物质的、不受他们任意支配的界限、前提和条件下活动着的"[①]。交往的主体是通过劳动生成的、从事物质生产活动的人。个体在社会交往规范和制度的约束下，能动地改造自然环境和交往关系。人们社会交往的前提是彼此承认对方的主体资格，将双方的关系看作是平等的主体间交往。只有主体之间互相尊重彼此的主体身份，才能建立起平等的交往关系，达到和谐的交往效果。

第二，主体间交往是人存在的基本方式。世界是交往的世界，生活在社会中的人是处于交往中的人，个体只有在社会中才成为真正意义上的人。"一个人的发展取决于和他直接或间接

---

① 《马克思恩格斯选集》第1卷，北京：人民出版社，1995年，第71-72页。

进行交往的其他一切人的发展。”[①]马克思主张在物质生产活动的基础上理解交往活动和社会起源。一方面，个体通过物质生产实践及其基础上的交往活动创造了社会。单独的个体无法进行改造自然的物质生产实践，只有在诸多个体共同活动的条件下才能进行。诸多个体的交互作用产生了社会交往关系。另一方面，社会又制约和规定着个体行为，人们的交往活动必须遵循特定的社会交往规范和秩序。

第三，交往的最终目的是实现人的自由全面发展。马克思认为，共产主义社会的交往才是真正的交往，高度发达的生产力使交往成为个体对自己生命的占有方式。生产力的发展对人的发展具有决定性作用，并制约社会关系的发展程度。共产主义社会来临之前，少数富有者的需要代替了多数贫穷者的需要。共产主义社会来临以后，社会物质财富的拥有者不再有“少数人”和“多数人”之分，高度发达的生产力水平能够提供充裕的物质基础，并生成多样的社会关系，以满足个体的多样化发展需求。“人以一种全面的方式，就是说，作为一个总体的人，占有自己的全面的本质。”[②]不同个体相互协作共同完成物质生产任务，他们之间的交往过程也由此成为彼此在精神和肉体上互相创造、互相成全的过程。

2. 交往条件理论

其一，交往离不开中介条件的支持与辅助。马克思认为，生产工具是个体与自然交往和人们社会交往的最基本的中介。正是通过使用生产工具，人们才能改造与利用自然，实现人类社会

① 《马克思恩格斯全集》第 3 卷，北京：人民出版社，1960 年，第 515 页。

② 《马克思恩格斯全集》第 3 卷，北京：人民出版社，2002 年，第 303 页。

的有序更替。在社会生活中，人们需要借助一定的中介条件才能有效开展交往活动。只有在中介条件的支持下，个体才能把自己的活动作为对象，并使自己的活动成为自觉自为的活动。除了生产工具，人类还创造了许多其他交往中介，其中最为普遍的就是语言符号。"语言是人类最重要的交际手段。"①语言符号遍布社会各领域，是人类社会生产和交往的基本媒介。在语言符号媒介辅助下，人们能够表达自己的思想，并接收他人的思想。

其二，交往的中介条件随着生产力的发展而不断变化。交往的主体都是处于特定社会发展阶段中的人，由他们彼此互动所形成的关系也是特定的社会关系。人的交往方式和交往关系与社会生产力水平息息相关。"生产本身又是以个人之间的交往为前提的。这种交往的形式又是由生产决定的。"②物质生产实践是人类改造自然、创造物质生活条件的实践活动，是人的最基本的实践活动。放眼人类社会的发展历程，交往和人的实践活动相应。

3. 交往类型理论

一是物质交往和精神交往。马克思在《德意志意识形态》中根据交往形式的差异，把交往划分为"物质交往"和"精神交往"。不仅如此，他还进一步阐明了二者的联系。"思想、观念、意识的生产最初是直接与人们的物质活动，与人们的物质交往，与现实生活的语言交织在一起的。"③由物质生产活动所催生的物质交往，旨在解决人的基本生存问题。由精神生产活动所催生的精

① 《列宁选集》第2卷，北京：人民出版社，1995年，第370页。

② 《马克思恩格斯选集》第1卷，北京：人民出版社，1995年，第344页。

③ 《马克思恩格斯选集》第1卷，北京：人民出版社，1995年，第72页。

神交往则是一种更加高级的交往形式，旨在解决人的思想、情绪、意识和观念等精神层面的问题。就二者关系而言，物质交往决定精神交往，精神交往是物质交往的产物，更是对精神交往的直接反映。精神交往也并非完全受制于物质交往，在某种程度上，它也能够对物质交往产生能动的反作用，推动物质交往迈向新阶段。

二是直接交往和间接交往。马克思在《1844 年经济学哲学手稿》中根据发生作用的差异，把交往划分为“直接交往”和“间接交往”。直接交往是“直接通过同别人的实际交往表现出来和得到确证的那种活动和享受”。[①] 马克思把直接交往视为个体与他人进行直接联系的活动，而那些借助中介条件和他人进行间接联系的就是间接交往。在社会生活中，直接交往和间接交往都是社会交往的重要形式。人们交往以及由此所带来的体验不仅存在于直接交往中，也存在于间接交往中。

三是个体交往和群体交往。社会的本质是由个人所组成的一切社会关系的总和。个体总是生活在多种多样的社会关系中，可以把人看作一种社会存在物。传统的乡土社会往往以血缘和地缘为纽带将人们连接在一起，在氏族、家族、乡村等群体内部共同从事物质生产和社会交往活动。农耕文明中的男耕女织、宗族祭祀等现象就是个体在群体中交往活动的生动体现。随着互联网在社会生活领域的广泛普及，人们在互联网的协助下以趣缘为纽带组成规模不等的各类网络兴趣群体，导致社会交往形式出现了显著变化。

① 《马克思恩格斯全集》第 3 卷，北京：人民出版社，2002 年，第 301 页。

4. 交往环境理论

交往总是存在于一定外部环境中，交往环境是个体持续性交往得以进行的根本条件，也是主体间性得以生成的基本条件。“意识起初只是对直接的可感知的环境的一种意识，是对处于开始意识到自身的个人之外的其他人和其他物的狭隘联系的一种意识。”[①]个体对自身所处环境的感知，直接影响到他对周围世界的客观认识。

为了保证交往活动能够顺利进行，需要采取恰当手段营造和谐的交往环境。交往环境并不总是能够如人所愿，而是与实际交往需要或多或少地存在偏差。为了保证交往活动的有序进行，需要经常采取一些手段营造和谐的交往环境。人为因素介入交往过程中，充分彰显出交往活动是一种有计划、有组织的实践活动。交往环境的营造不仅要考虑人的客观需要，还要结合人们当下所处的时代特征。“人们的意识，随着人们的生活条件、人们的社会关系、人们的社会存在的改变而改变。”[②]纵观人类社会发展进程，蒸汽动力和电力所带来的社会生产力变革都给人类交往带来了翻天覆地的变化。现阶段，以互联网为载体的科技革命正在酝酿生成一场新的社会生产力变革，互联网也正在并仍将继续形塑人类社会生活。

（三）马克思主义共同体理论[③]

马克思主义共同体理论具有丰富的理论意蕴，对于本书从科学社会主义角度把握全媒体时代思想政治教育过程的价值目

---

① 《马克思恩格斯选集》第 1 卷，北京：人民出版社，1995 年，第 81 页。

② 《马克思恩格斯选集》第 1 卷，北京：人民出版社，1995 年，第 291 页。

③ 本部分内容原名为“习近平共同体思想的理论创新与时代价值”，发表于《马克思主义研究》2018 年第 7 期。

标和运行动力具有深刻指导意义。

1. 基于人的本质审视共同体的价值目标

第一，确立共同体的价值目标，要科学把握共同体和个体之间的关系。马克思主义共同体理论将那些致力于促进实现人的本质的共同体视为真正的共同体。在《〈黑格尔法哲学批判〉导言》中，马克思在对宗教进行彻底批判之后得出“人的根本就是人本身”“人是人的最高本质”的结论[①]。归根结底，人的自由全面发展是社会发展的终极目标，社会发展的目的就是人的解放，最终实现“人类从必然王国进入自由王国的飞跃”[②]。不管是以何种形式存在和以何种形态显现的共同体，如果能够为人的自由全面发展提供体现其本质的条件，那么它即是马克思恩格斯所肯定与祈向的，反之即是为其所否定与批判的。共同体和个体的关系表现为手段和目的的关系，共同体的终极价值目标就是促进人的自由全面发展。人的自由和发展程度是马克思恩格斯衡量与判断某个特定共同体价值立场的根本依据，也是他们建构未来社会个体与共同体理想关系的理论支点。

第二，剖析共同体的价值意蕴，要关注与尊重现实生活中个体的利益。马克思在《1844 年经济学哲学手稿》中提出“人的类本质”[③]“人的发展的本质”[④]概念，在《关于费尔巴哈的提纲》中指出：“人的本质不是单个人所固有的抽象物，在其现实性上，它是一切社会关系的总和。”[⑤]这些关于人的本质的论述都直接指

---

① 《马克思恩格斯选集》第 1 卷，北京：人民出版社，1995 年，第 9 页。
② 《马克思恩格斯选集》第 3 卷，北京：人民出版社，1995 年，第 634 页。
③ 《马克思恩格斯全集》第 3 卷，北京：人民出版社，2002 年，第 274 页。
④ 《马克思恩格斯全集》第 3 卷，北京：人民出版社，2002 年，第 279 页。
⑤ 《马克思恩格斯选集》第 1 卷，北京：人民出版社，1995 年，第 56 页。

向人对利益的关切，他们已经充分认识到个体利益需要是形成共同体的内在驱动力。有生命的个人的存在是全部人类历史的前提，任何形式的共同体都是个体追逐利益的产物，“人们奋斗所争取的一切都同他们的利益有关”[①]。在获得满足基本生存需要的物质利益之后，个体必然会有更高层次的其他利益需求。为此，孤立的个体只有组成共同体才能克服自身能力和外部环境限制，最大限度地获得个人生存与发展所需的相关资源。真正的共同体直接表征全体成员的共同利益，“没有任何同整个无产阶级的利益不同的利益”[②]，为绝大多数人谋利益。

2.基于人的发展历史形态把握共同体的表现样态

第一，社会实践决定人的发展形态，不同历史阶段的人具有不同的历史样态。马克思在《经济学手稿（1857－1858）》中首次提出人的发展历史形态三阶段理论，认为人的成长和发展必须依次经历“人的依赖”“物的依赖”“自由个性”三个发展阶段，与之相对应的人的发展历史形态依次是人的自由、人的发展和人的解放。要想达到“自由个性”状态，实现人的自由全面发展，必须经历充满矛盾斗争与转化的漫长历史过程。人的发展历史形态与共同体的表现样态存在显著相关性。不同历史阶段的人呈现出迥然相异的历史样态，由人所创造与建设的共同体的表现样态也必然是历史的、具体的。

第二，人的发展历史形态的三个阶段依次对应着社会发展的五个形态。“人的依赖”对应原始公有制—奴隶制—封建制社会、“物的依赖”对应资本主义社会、“自由个性”对应共产主义社

① 《马克思恩格斯全集》第1卷，北京：人民出版社，1956年，第82页。

② 《马克思恩格斯选集》第1卷，北京：人民出版社，1995年，第285页。

会。其中，原始公有制—奴隶制—封建制社会属于“自然共同体”，显著特征是以血缘和地缘作为其存在的物质基础，具有完全不同于资本主义社会发展道路的特性。自然共同体的生产以共同体为目的，表现为人的属性，明显有别于以发财致富为目的的资本主义社会。马克思恩格斯将资本主义国家当作“虚幻共同体”的表现形式，认为资本主义国家表面上代表普遍利益，实质上却表征某种与普遍利益相对抗的特殊利益，是一种狭隘的利益共同体。个人及其组成的家庭和市民社会才是国家的前提和条件，为此“必须推翻那些使人成为被侮辱、被奴役、被遗弃和被蔑视的东西的一切关系”①。马克思恩格斯没有直接界定未来共产主义社会形态的具体内涵，但他们在《共产党宣言》中提出了“自由人联合体”概念，认为自由人联合体即是“真正的共同体”，体现出人全面占有自身本质的属性，体现了共同体和个体的内在一致性。

3. 基于社会生产力的发展洞察共同体的运行机理

第一，社会生产力的发展是促进共同体不断产生与更替的根本原因。每个特定历史形式的劳动过程都会进一步发展它自身的物质基础和社会形式，并不断向更高级的社会状态转化。“人在积极实现自己本质的过程中创造、生产人的社会联系、社会本质。”②个体通过对象化实践活动不断创造和超越对象化存在，实现人自身在历史意义上的新发展。生产力不是一种外在于人的力量，其本身就展现了人的本质。马克思将生产力看作是人本身的“自然力”的发挥，人“自身的自然”的改变和自然本

① 《马克思恩格斯选集》第1卷，北京：人民出版社，1995年，第9页。

② 《马克思恩格斯全集》第42卷，北京：人民出版社，1979年，第24页。

身的改变是同一个过程的两个方面。因此，个人及其自身的活动之间的关系“决不是‘自然的’，而是本身已经包含着某种独特的经济规定”[①]。作为推动个体发展手段存在的共同体，与社会生产力水平之间存在重要关联。生产力发展是社会发展的前提，也是共同体不断产生与更替的根本原因。

第二，社会生产力的发展是促进历史向世界历史转变的根源性力量。马克思恩格斯描述了生产力发展带来的变化：“资产阶级，由于开拓了世界市场，使一切国家的生产和消费都成为世界性的了。”[②]资本主义生产方式创造了新的生产力，世界市场的形成改变了世界各民族国家的交往方式，原材料、技术、资本、劳动力等要素的全球化演进促使各个国家成为密切联系的有机整体，民族历史开始向世界历史转变。在唯物史观视域下，马克思恩格斯立足于现实的人的物质生产实践活动，研究人类社会的历史演进、内在规律及其未来走向，揭开了人类社会发展规律的神秘面纱，“历史向世界历史的转变，……每一个过着实际生活的、需要吃、喝、穿的个人都可以证明这种行动”[③]。正是在生产方式发展变革的基础上，人类社会由地域性的孤立民族历史向共同体的世界历史转变，人类社会一体化趋势成为不可阻挡的潮流，各民族国家日益成为一个密不可分的有机整体。

二、全媒体时代思想政治教育过程研究的理论借鉴

（一）传播学理论

受众和传播效果是传播学研究的两个重要议题。受众对信

① 《马克思恩格斯全集》第30卷，北京：人民出版社，1995年，第269页。

② 《马克思恩格斯选集》第1卷，北京：人民出版社，1995年，第276页。

③ 《马克思恩格斯选集》第1卷，北京：人民出版社，1995年，第88页。

息的有效接受程度是衡量传播效果的根本指标，良好的传播效果则是信息传播的基本目标。对此，传播学界提出许多经典的理论框架。

1. 受众角色论

受众是大众传播中信息的接受者，也就是媒体的传播对象。大众传播的受众是现代工业社会发展的产物。随着社会分工的细化程度越来越高，社会生活越来越呈现出鲍曼所说的“流动化”趋势，极速变化成为现代社会的显著特征。一方面，人们的联系比以往任何时候都密切。由于现代工业社会化大生产的需要，全体社会成员被划分为不同工种，彼此间密切配合才能完成生产任务。另一方面，和传统农业社会相比，互联网促成的社会联结反而使个体陷入更加孤独寂寞的状态。表面上，人们聚集在一起，在人数上具有沟通的条件和优势；实际上，由于把全部注意力都放在了电子产品上，他们之间缺乏实质性交流。把受众理解成各类新旧媒体的读者、听众和观众的集合，虽然有利于从人群角度把握受众特征，却不能有效揭示受众与传播媒介之间的内在联系。大众传播的受众不仅具有性别、年龄、民族、宗教等人口统计意义上的差异，还存在着教育背景、城乡文化、习俗风俗等社会文化意义上的差异。相比而言，社会文化差异对传播效果的影响比受众本身存在的人口差异要大得多。

对受众角色的不同看法会影响到我们对信息传播中受众性质、地位和作用的判断。传播学理论研究关于受众角色的观点主要包括以下三种。[①] 第一，作为群体成员的受众。大众社会理论将受众视为只能被动接受信息的无意识个体。事实上，受众

① 郭庆光：《传播学教程》，北京：中国人民大学出版社，1999年，第174-180页。

在不同社会群体中具有多样化的社会关系。由于存在上述社会关系，受众之间存在着一种大众传播媒介无法轻易打破的内在向心力。第二，作为“市场”的受众。大众传媒生产的信息和货架上出售的商品一样，是一种面向受众出售的信息商品。为了提高传媒企业的利润，必须将受众需求作为信息生产的决定因素。该观点虽然突出了受众主体地位，却忽视了大众传播的价值引领功能。第三，作为权利主体的受众。该观点把受众视为参与社会管理的权利主体。他们既可以通过大众媒介了解和监督政府工作，也能通过大众媒介表达自己的思想和主张。

2. 受众行为论

受众行为理论阐述了受众接触大众传媒的原因以及传媒接触给受众带来的效用。用户接触大众传媒不仅受到宏观社会结构和社会规范的制约，也受到个体自身主观因素的影响。“使用与满足”是受众行为研究的代表理论，认为受众是具有特定需求的个体，他们接触传媒就是为了满足自身某些特定的需求与动机。根据这一观点，任何信息生产都必须准确洞察和把握受众需求，才有可能生产出契合受众需要的内容产品。倘若不顾受众需求，生硬地传递信息内容，很有可能会引起受众的排斥和反感。正确的做法是，在分析受众信息接触需求的基础上，根据多样化的受众需求有针对性地把信息内容传递给不同的受众群体。

在使用与满足理论的内在限定中，受众在接收媒介传播的信息之前，就已具有某种产生于社会现实的心理需要。正是为了满足这些需要，他们才接触媒介传递的信息。即使是同一部大众传媒作品，不同受众群体在接触它时获得的心理满足体验也不一样。受众群体的不同需求有其特定的现实心理根源，吸引他们从媒介信息内容中不断获得个人需要的满足。

3. 传播效果论

传播效果研究和传播媒介的发展形式紧密勾连，不断改写着人们对传播效果、媒介和受众的认识。以传播效果的强弱为划分依据，传播效果理论大致经历了三个阶段。

第一，20 世纪初至 30 年代末，强效果阶段。在这一阶段，人们认为大众传播媒介对于受众的信息选择和接收具有决定性影响。

关于大众传播媒介社会作用的认识集中体现为“子弹论”（bullet theory，又称“魔弹论”“靶子论”或“皮下注射论”）。施拉姆曾就传播对受众的影响做过以下描述，正如电流接通能够使灯泡照明一样，传播也可以直截了当、精准迅速地将信息“注入”人脑。[①] 该理论的核心观点是大众传播媒介能够直接决定受众的信息选择和接收效果，就像子弹射入身体或药剂注入皮肤一样。大众传播媒介支配着受众思想，受众只能被动地接受指示。

拉斯韦尔的博士论文《世界大战中的宣传技巧》给子弹论增添了浓厚的意识形态色彩。第一次世界大战是帝国主义列强的争霸战，也是人类历史上第一次以国家为单位大规模有组织地动员一切力量的宣传战和心理战。所有参战方为了团结自己、瓦解敌人，几乎用上了当时能够使用的全部宣传手段。“当把战争目标传播给宣传的主要受众——本国的受众、敌国的受众、中立国的受众和盟国的受众——中的问题与这些内涵加在一起时，所有这些考虑将是非常复杂的。”[②]拉斯韦尔极力渲染了宣传

① 张隆栋：《大众传播学总论》，北京：中国人民大学出版社，1993 年，第 156 页。

② 拉斯韦尔：《世界大战中的宣传技巧》，张洁等译，北京：中国人民大学出版社，2003 年，第 10 页。

战和心理战在第一次世界大战中的作用。不过，虽然恰当的战时宣传对协约国的胜利起到了重要作用，但它并不是决定战局的唯一因素，人力、物力、财力以及国际力量对比等因素都是决定战局的关键因素。

因此，“子弹论”的缺陷在于过分夸大了大众传播的影响力，忽视了社会关系、客观环境等其他因素对传播效果的重要影响，也忽视了受众在信息传播中具有自主选择和批判接收的能动作用。但是，它毕竟是人们注意到大众传播媒介对社会成员影响的第一个理论，所以它在传播效果研究的理论成果中具有重要地位。

第二，20 世纪 40 年代到 60 年代，弱效果阶段。在这一阶段，大众传媒对个体影响的研究主要集中在“传播流”和说服性传播两个领域。

“传播流”体现了大众传媒发出的信息经过多个中间环节最终到达受众的过程。由于信息经历多个中间环节的过滤，最终到达受众的不再是原始信息。

拉扎斯菲尔德等人在 1940 年美国总统大选期间，针对大众传播的竞选宣传对于选民投票意向的影响展开了详细的实证调查。结果表明，大众传媒传播的信息不是直接到达普通受众，而是先到达具有一定影响力的中间人，再由他们传递给普通受众。这些中间人被拉扎斯菲尔德描述为能够决定普通受众对某一事物看法的“意见领袖”①。基于意见领袖在信息传播中的中介作用，信息传播被划分为“大众传播媒介→意见领袖”和“意见领袖

① 拉扎斯菲尔德、贝雷尔森、高德特：《人民的选择——选民如何在总统选战中做决定》，唐茜译，北京：中国人民大学出版社，2011 年，第 2、132 页。

→普通受众”两个传播层级。由此，经由意见领袖的信息传播也被称为“两级传播”，体现出社会关系能够对受众的信息接收产生显著影响。

为了验证这一理论在政治选举以外的其他领域中是否适用，卡兹和拉扎斯菲尔德共同对社会生活的其他领域展开了调查。调查表明，两级传播现象普遍存在于社会生活各个领域，[①]不仅受众的选择性接触机制和他们的既有立场会制约大众传播的效果，而且媒介本身的特质和信息内容的表达也会影响传播实效。

罗杰斯在《创新与普及》中将大众传播划分为“信息流”和“影响流”两个阶段，进一步修正了两级传播理念。其中，“信息流”是第一阶段，信息直接到达普通受众，传媒将信息直接传递给受众。“影响流”是第二阶段，信息经过多层社会关系网络之后，间接传递给普通受众，进而发挥影响受众的功能。据此，罗杰斯将“两级传播”模式进一步修正为“多级传播”模式，认为信息在最终到达受众之前会经过多个意见领袖过滤，原始信息在历经多次修改之后早已与最初时大相径庭。

关于“传播流”研究的三个阶段体现了传播效果产生过程的复杂性，表明单一的大众传播不能掌控受众思维，大众传播的中介环节和受众价值观都会影响传播效果。克拉珀在《大众传播效果》中系统总结了上述研究成果，强调大众传播不是产生传播效果的唯一条件，当各个中介环节联通时才能发挥作用。大众传播不能直接改变受众态度，只能进一步强化受众的既有认知，必须借助社会关系、群体规范以及受众心理倾向等中介条件才

① 郭庆光：《传播学教程》，北京：中国人民大学出版社，2011 年，第 167-168 页。

能改变受众的原有态度。克拉珀的观点显示了大众传播效果的有限性，被称为“有限效果论”。

弱效果阶段的另一个研究领域是说服性传播，主张受众态度能够朝着传播者预期的方向改变。霍夫兰等人著作的《传播与说服》是该研究的代表成果，认为传播者权威、信息说服力以及问题排列次序等因素都会对受众态度产生影响。首先，说服者在领域内享有盛誉。那些对某个问题享有盛誉的人要比普通大众更能引起受众态度的改变。其次，面对不同受众应该强调不同的理由。倘若受众本就赞同说服者的意见，那么只强调正面理由就能巩固受众的预存认识；倘若受众本就反对说服者的意见，那么则需要把正反面理由都说出来，为受众营造一种说服者站在客观公正立场上看问题的感觉，进而愿意听取说服者的观点。最后，问题的排列次序也会影响到传播效果。先讲的问题更容易吸引受众注意力，这是首因效应在起作用；后讲的问题更容易被受众牢牢记住，这是近因效应在起作用。哪些问题先讲，哪些问题后讲，关键就在于说服者是想引起受众的注意，还是想让受众记住自己的观点。

第三，20 世纪 70 年代至今，超强效果阶段。进入现代信息社会，传播媒介不断重塑着社会生活。学者们开始从宏观视角研究传播媒介对社会生活的影响。

一是议程设置理论。1972 年，麦库姆斯等人以 1968 年美国总统选举期间传媒报道对选民选举意愿的影响为例，提出大众传播具有设置公共话题议程的功能。该理论认为，受众的公共议事日程在很大程度上来源于媒介。媒介报道什么，受众便关注什么；媒介越集中报道某个话题，受众对这个问题就越关注。[①]议程设置理论揭示了大众传播对社会生活的强大影响力，有目的的议程设置能够影响受众对社会环境的判断和认识。

二是沉默的螺旋理论。1980年，诺伊曼在《沉默的螺旋：舆论——我们的社会皮肤》一书中系统考察了大众传播和社会舆论的关系。为了避免被其他群体成员孤立，当个人意见与群体意见不一致时，个体一般不会勇敢表达自己的真实观点，而是选择沉默或者趋同。“看到这些趋势并相应地改变自己的观点的个人越多，那么一派就显得更占优势，另一派则更是每况愈下。”[②]该理论揭示了大众传播对社会舆论具有强大影响，大众传媒传递的往往是社会主流观点，社会公众会对照这些信息不断调整个人观点以符合主流价值期望。

三是培养分析理论。培养分析理论也称涵化理论，是一种凸显大众传播能够对个体产生潜移默化影响的理论。1922年，李普曼提出“拟态环境”概念，指出人们生活的现实世界和他们脑海中的感知世界存在显著差异。拟态环境不是对现实世界的直接反映，而是大众传播对关键事件重新加工之后的一种新的客观存在。具有特定价值倾向的内容并不总是直接鲜明地呈现出来，有经验的说服者通常会将自己的真实意图隐藏在细节中，并通过信息的重复传播潜移默化地影响受众，达到“润物细无声”的传播效果。

四是知识鸿沟理论。知识鸿沟理论是一种凸显信息导致社

---

① Maxwell E. McCombs & Donald L. Shaw. The Agenda-Setting Function of Mass Media[J]. Public Opinion Quarterly, 1972, 36(2):176-187.

② 丹尼斯·麦奎尔、斯文·温德尔：《大众传播模式论》，祝建华译，上海：上海译文出版社，1997年，第93页。

会阶层分化的理论。人们通常认为，大众传播媒介的普及能够改善知识传播的不均衡现状，弥补社会弱势群体无法承担昂贵的教育资源费用的缺陷。美国学者卡茨曼、蒂奇诺的研究证明，实际情况并非人们预设的这般理想。随着信息获取途径和机会的增加，不同社会阶层之间出现了类似于贫富差距一样的信息差距，进一步加剧了社会不平等。社会中上阶层的社会关系、传播技能、知识背景和接受能力等明显比社会弱势阶层占据优势，这些优势使他们在信息获取方面进一步领先。社会地位越高的人获得的核心信息越多，社会地位越低的人获得的核心信息不仅没有因为大众传播媒介的普及而增多，反而由此加剧了不同社会阶层之间的信息获取差距。

（二）社会学理论

功能论、冲突论和符号互动论是社会学研究的三大理论视角。[①] 功能论和冲突论着眼于宏观社会现象，主张从社会结构入手观察社会运行规律。符号互动论则着眼于微观社会现象，主张从行为个体入手观察社会情境及个体之间的关系。

1. 功能论

功能论主张社会的每个部分就像自然界的有机体一样，家庭、学校、社会、政府等都在社会秩序约束下朝着相互整合的方向平稳运行。家庭期望学校把他们的子女培养成优秀的社会成员，学校依赖政府提供财政支持，社会良好风气则依赖千千万万个家庭的个体塑造与维系。功能论关注的是某一社会现象或社会制度对社会有何种功用，比如社会向其成员灌输主导意识形

---

① 亚历克斯·蒂奥：《大众社会学》，丛霞译，北京：人民邮电出版社，2012 年，第 13 页。

态有何种功用。社会的每种现象都有某些正面功用，即使是那些对社会具有破坏力的现象，也可能在某种程度上推动社会运转。功能论强调稳定和整合，而不主张变革或动乱。即使社会出现了问题，也只是暂时性失调，社会有机体的内在秩序一定会使社会重新回到稳定整合的轨道上来。

功能论的代表人物有斯宾塞、涂尔干、默顿和帕森斯。斯宾塞指出，包括社会在内的一切有机体为了适应所在环境必须具备某些条件。涂尔干提出了“机械团结”和“有机团结”概念，以区分社会整体中不同类型的凝聚力。机械团结存在于分工不发达的传统社会中，社会成员大致从事着相似的工作，在情感、态度和价值观方面具有高度同质性。有机团结则存在于分工高度发达的现代社会中，社会成员从事着专业化工作，有着不同的情感、态度和价值观。两种凝聚方式形成了迥然相异的社会共识，机械团结的社会共识源于社会成员的相似性，有机团结的社会共识则源于社会成员的异质性。默顿将社会学功能分成了人们能直接意识到的、明显的显功能和人们无法直接意识到的、隐藏的潜功能两种类型。他还提出了“中层理论”，即将抽象理论和具体经验结合起来，而不能单纯着眼于宏大叙事或是现实经验。帕森斯把社会系统视为社会学研究的重点，主张将社会过程和社会结构作为分析社会系统的基本单位。他认为，社会优先于个体，社会塑造了个体的社会人格，个体是否具有符合社会期望的规范取向，对于他们的行动具有决定性意义。

2.冲突论

和功能论观点截然不同，冲突论主张社会总是处于不断变化之中，社会的实际状态是斗争和冲突。冲突论的理论来源是马克思的阶级斗争思想，将社会资源分配不均视为推动社会进步的主要动力。由于社会资源特别是优质社会资源的数量有限,无法满足全体社会成员的资源分配需求,此时,相对弱势的社会群体试图通过抗争重新分配资源以减少利益分配的不平等性。由此,功能论所主张的社会各个部分彼此均衡的社会整合状态是不可能实现的。冲突论所论述的资源分配不均则主要是指权力资源,拥有权力的人是社会关系的支配者,而没有权力或者权力相对较低的人是社会关系的受支配者。社会互动在本质上就是权力关系的运作,由权力差异引起的社会不平等会进一步导致不同社会群体之间的斗争和冲突。权力对个体的影响还体现在社会分层上,人们拥有权力的大小在很大程度上决定了他们所能跻身的社会位置和拥有的社会地位,并进一步影响到他们的思想行为。

冲突论的代表人物有马克思、韦伯和齐美尔。马克思关注的是由经济不平等所产生的阶级冲突,认为阶级冲突是推动社会发展的动力。资源分配的不平等产生了利益冲突,当无产阶级意识到自身在资源再分配中处于弱势时,他们将对资本主义社会的合法性提出质疑。为了打破这种利益分配不平等的局面,无产阶级被组织起来,集体反抗资产阶级统治者的剥削和压迫,建立新的资源分配模式。韦伯认为,阶级、地位等社会分层的各个维度都存在冲突。冲突的形成与政治权威合法性的缺失紧密相关。"如果政治权威不能支撑一种合法性存在的感觉,在内部冲突面前就显得脆弱。"[①]倘若社会缺乏向上流动的有效机制,权力、财富和地位就会被少数人垄断,其他没有向社会上层

① 乔纳森·特纳:《社会学理论的结构》,邱泽奇译,北京:华夏出版社,2001年,第167页。

流动机会的人就会对政治权威的合法性产生怀疑。他们很可能会通过斗争和冲突颠覆精英资源垄断的传统社会结构，促进社会结构的整体性变迁。齐美尔认为，冲突并不天然地具有破坏性，如果引导得当，它也能够发挥正面社会功能。决定冲突发挥正面还是负面社会功能的关键就在于冲突的程度。激烈的冲突不利于社会整合，适度的冲突则有利于促进社会整合，推动社会系统有序运行。

3. 符号互动论

符号互动论认为，个体在互动中所使用的语言、手势、姿态和表情等符号语言都是在社会文化规制下产生的。在同一文化圈中，个体之所以能够彼此开展有意义的交往，是因为他们对圈群成员使用的符号有着共同的了解。

符号互动论的代表人物有米德、库利和布鲁默。米德是符号互动论的创始人。他认为个体的意识和自我并非与生俱来，而是在以符号为载体的社会交往过程中不断形成。通过观察符号，个体可以评估自身行为对他人产生的影响以及人们相互之间的行为结果，进而适时适度地调整自身行为。库利的“镜中我”观点认为，个体的自我认识是在与他人互动过程中形成的。个体把他人对自己的行为评价作为参照，及时调整自己的社会行为。布鲁默指明了“解释”对于社会互动的重要意义。他认为社会情境是在社会成员的解释下不断建构起来的，要想了解社会成员对社会现象的真实看法，必须了解他们对自身行为的解释过程。

（三）社会心理学理论

社会思维论、社会影响论和社会关系论是社会心理学的基本研究问题，[①]分别回答了如何看待他人、个体之间如何相互影响以及个体之间如何建立关联的问题。把握这些问题有利于审视社会生活的情境动因，并把握人际互动的深层机理。

1. 社会思维论

社会思维论反映的是个体认知问题，主张个体对自我以及对他人的认知会影响到个体的态度和行为。个体如何看待他们自己，与他们所扮演的社会角色紧密勾连。面对各种信息，人们总是更容易记住那些与他们相关的信息。为了记住这些信息，人们会使用头脑中已有的知识和经验对信息进行加工整合，以实现对多样化信息的再组织和再应用。面对多种社会选择，人们在多数情况下能够进行自主行为调控，使自身行为与社会期望相匹配。这就是自我的管理功能，即个体根据社会期望的行为模式和价值目标不断调整自我，使自己变得更加“合群”。自我是由社会建构的，个体的自我总是体现出社会要求和期望。

个体认识自我的方式主要有两种。一种是通过自身的内省认识自己。中国古代著名思想家曾子曾说，“吾日三省吾身：为人谋而不忠乎？与朋友交而不信乎？传不习乎？”内省的过程即是个体省察自己的思想、观点和动机的过程，能够帮助个体更好地认识自我。另一种是通过他人的对照认识自己。菲斯廷格认为，人们为了正确评估自己的思想行为在社会群体中所处的位置，通常会选择合适的“参照物”作为比较对象。这里的“参照物”就是和他们具有相似社会阶层、社会地位的个体，因为这些人的思想行为往往与个体的情况最接近，和他们比较得出的结

① 戴维·迈尔斯：《社会心理学（第8版）》，侯玉波等译，北京：人民邮电出版社，2006年，第2页。

果也更为准确。但是,由于每个人所处情境都不一致,个体在观察他人时无法完全做到和他人一致的感同身受,也就不会产生完全一致的看法。

2. 社会影响论

社会影响论反映的是个体之间相互影响的问题,常见的影响类型包括从众、说服和群体影响。一是从众。他人的行为举止和价值观念是个体正确行动的参照物,个体通过和他人的比较来评估自己是否符合社会期望。当多数人意见一致时,那些持有不同意见的人就会产生压力,并进一步影响个体的主张。二是说服。说服者、被说服的对象、信息内容等因素都会影响说服效果。说服者的角色身份、社会地位以及社会声誉等会直接干预人们对其所传递信息的态度。三是群体影响。个体总是生存在群体中,个体的理性思考能力和自主选择能力被社会情境干扰,很有可能会做出具有破坏力的错误决策。

3. 社会关系论

社会关系论探讨的是个体之间如何建立关联的问题。个体总是在与他人建立联系的过程中获得各类感受体验并做出行为决定。这些体验和行为并非总是积极的,既包括吸引,又包括偏见。吸引体现了社会关系的形成原因和存在价值。人们总是喜欢那些与自己在某一方面具有相似性的人。吸引是形成群体凝聚力的前提,如果某个群体对生活在其中的个体缺乏吸引力,那么该群体就会受到其成员排斥。偏见是一种无处不在的社会现象。人们所生活的社会环境是一个时刻存在偏见的环境,个体总是根据片面信息对某个人或某类人、某一事物或某类事物产生消极甚至敌对态度。互联网诞生之初,许多人认为它是危害青少年身心健康的不祥之物,甚至到了"谈网色变"的地步。现如今,无人可以否认互联网对人类生活的重要意义。要克服对互联网的偏见,以客观理性的态度研究它对社会生活的影响。

总而言之,本章所阐述的理论基础和理论借鉴共同构成了全文的理论依据。“人们自己创造自己的历史,但是他们并不是随心所欲地创造,并不是在他们自己选定的条件下创造,而是在直接的、既定的、从过去继承下来的条件下创造。”[①]这充分诠释了科学的理论依据对于理论研究工作的重要意义。尽管本书探讨的是新历史情境和新实践场域中的思想政治教育过程理论,但仍离不开前人研究成果的启发。正是站在前辈们研究成果的基础上,本书才能将思想政治教育过程的理论研究继续向前推进。

① 《马克思恩格斯文集》第1卷,北京:人民出版社,2009年,第471页。

第二章　全媒体时代思想政治教育过程的要素、结构与功能

要素是构成事物必不可少的因素，也是组成系统必不可少的基本单元，制约着系统的形成、变化与发展。在学术界对于思想政治教育过程构成要素的认识中，最具代表性的是“四要素说”，认为思想政治教育过程的基本要素包括主体、客体、介体和环体。本书认为，和以往思想政治教育过程构成要素明显不同的是，全媒体场域这一新的交往环境是造成思想政治教育主体、客体和介体发生显著变化的直接诱因，全媒体场域在思想政治教育过程中的作用力和影响力获得前所未有的提升，成为重塑思想政治教育过程内部组织结构、交往关系和互动模式的外部动力因素。基于此，本书所阐述的构成要素包括主体、客体和介体，而全媒体环境则作为分析纽带贯穿构成要素运动、变化和发展过程始终。接下来，本书将以全媒体的“四全”特性为线索，阐述思想政治教育过程诸要素的新变化、新表征与新特质。

一、与构成要素相关的几个基本问题辨析

在阐释全媒体时代思想政治教育过程的构成要素之前，需要先对以下几个问题作简要辨析，为新环境下思想政治教育过程的构成要素分析夯实合理性根基。

(一)全媒体时代是否存在思想政治教育过程的主客体

回答清楚全媒体时代是否存在思想政治教育过程的主客体,是研究思想政治教育过程构成要素的前提,也是探讨本书所有议题的先行问题。

1. 媒介技术是意识形态的外在表达

长久以来,关于"技术是否中性"的讨论一直经久不衰。随着大数据的算法推荐技术融入社会生活,这一话题再次进入公众视野。一些新媒体平台公然声称,由代码搭建而成的算法是中立的,不包含任何特定的立场和价值观,一味地标榜算法推荐技术不专门生产信息,而是信息的"搬运工"。显然,该观点是错误的。技术由人所创造并为人所使用,势必会受到人的态度和价值观影响。进入全媒体时代,技术非中性论同样适用于新一代信息技术。"媒介技术不是中性的,它本身是预先按照特定群体的意志和需要设计出来,包含了一种政治的先验性和控制的欲望。"[①]表面上,媒介技术赋予了大众新的话语权,大众主动参与媒介内容生产,并通过互联网获得了新的表达空间。事实上,大众话语仍受到资本与权力的双重操控,只不过它们是以更加隐蔽的方式完成意识形态渗透,并通过互联网将意识形态斗争转移到线下社会生活领域,最终实现操控社会大众的真实意图。

2. 社交媒体操控是意识形态斗争的基本策略

全媒体时代给思想政治教育过程带来的一个重要变化是,全媒体全面贯穿于思想政治教育过程,互联网成为思想政治教育过程不容忽视的新元素。倘若利用得好,这一新元素能够促

---

① 赫伯特·马尔库塞:《单向度的人》,张峰等译,重庆:重庆出版社,1993 年,第 8 页。

使思想政治教育过程更加鲜活生动;倘若利用得不好,这一新元素就会成为阻碍新时代思想政治教育转型的重要因素,甚至危及国家长治久安。在世界和平的时代背景下,虽然以枪械弹药为武器的军事战争没有大规模的爆发,但以互联网为武器的意识形态战争却从未停息过。可以说,社交媒体操控是和平时期意识形态斗争的基本策略。任何国家都无法忽视或轻视互联网对社会生活的重要影响,防止社交媒体操控已成为各国捍卫意识形态阵地必不可少的环节。

3. 主体间的交往实践存在,思想政治教育过程的主客体就存在

与传统思想政治教育一样,全媒体场域中的思想政治教育仍是个体间的交往实践,只不过这种社会交往实践由于全媒体的数字化、移动化和智能化等特征出现了一系列新变化。虽然交往双方的时空情境、权力距离以及角色的稳定性等都发生变化,但物质交往基础上的精神交往依然存在。在全媒体场域中,思想政治教育的精神交往也要经过完整的信息发送和接收环节才能实现。既然总是存在着信息发送方和接收方、人们总是在向他人施加影响或者被他人影响,那么全媒体时代思想政治教育过程的主客体也就依然存在。

(二)全媒体时代思想政治教育过程主客体的区分标准

既然全媒体时代的思想政治教育过程存在着主体和客体,那么二者的区分标准是什么?对这一问题的回答,是把握全媒体时代思想政治教育过程主客体互动关系的必要环节。

1. 功能方面,是否在思想政治教育精神交往实践中对他人施加影响

在线上线下生活世界相互融合的全媒体场域中,个体的角

色和身份瞬间转换，人们在影响他人的同时亦在被他人影响。无论精神交往的关系多么复杂，在特定环节特定阶段中，发挥作用大的一方就是教育主体，而被他人施加影响的一方则是教育客体。尽管身体“在场”和“不在场”的生活场景交织，但人们的思想行为总会受到他人制约。同时，他们的思想和行为也会对他人产生影响和规制。不管是线上还是线下交往互动，在精神交往中担任引导他人的角色，对他人施加符合社会主流价值引领的一方，就是教育主体；相反，在精神交往中担任被他人引导、被他人影响的角色，就是教育客体。在思想政治教育过程的不同环节和不同阶段，教育主体和教育客体是主动和被动、主导和从属的关系。

2. 素质方面，是否具有较高的政治水平、先进的思想观念、崇高的道德品质和更高的媒介素养

在全媒体场域中，思想政治教育过程的主客体依据个体在人际互动中的实际作用来划分。谁具有较高的政治水平、先进的思想观念和崇高的道德品质，并且能对他人施加正面的价值影响，谁就是教育主体。思想政治教育过程的教育主客体都可以充分发挥主体性，二者体现为一种互相同构的存在关系。在这种情况下，处于素质能力“上位”的一方是对教育对象产生正面价值影响的教育主体。社会成员在教育活动中不是消极地受教，而是根据社会期望能动地受教，体现出“接受主导性”[①]。他们不是完全被动地被他人施加影响，而是根据自身的成长发展需求，能动地接受教育活动。全媒体时代，教育者的政治水平再高、思想观念再先进、道德品质再崇高，倘若不会或不善于使用

① 石书臣：《思想政治教育者的主导性及其转型》，《求实》2005年第1期。

互联网，就不能充分发挥育人效能。所以，熟练掌握互联网技术已成为思想政治教育工作者的基本业务能力。

3. 效果方面，是否在思想政治教育的交往实践中实现符合社会要求的教育目标

思想政治教育是一种承载着意识形态属性的特殊教育实践，通过思想政治教育精神交往的转化，使社会成员确立起符合社会要求、体现真善美的思想品德。在全媒体场域中，虽然社会交往模式已经发生深层次变革，但是思想政治教育教化、引领和促进个体实现自由全面发展的教育目标没有改变。通俗来讲，思想政治教育就是做人的思想工作。做人的思想工作，关键是要帮助个体树立正确的理想信念，使他们在集体生活中能够实现人生价值和自我价值。随着社会生活水平的显著提升，社会成员对精神生活质量的要求越来越高。面对互联网的海量信息推送，社会成员对真善美事物的捕捉能力越来越强，对失误和错误的包容度也越来越大。在这种情况下，理想信念不仅是作为人的内在尺度，而且是作为满足人的精神需求、丰富人的生命体验的关键因素而存在。在全媒体场域中，对教育对象施加多少频次或多大程度的影响、使用正面经验激励还是负面经验警醒、通过哪些新媒体平台传播等都具有较高的教育技巧和艺术要求。实现社会预期的教育目标，要掌握技巧和方法，将教育内容呈现给教育对象，并促进教育对象实现从主流意识形态认知、认同再到实践的系统转化。

（三）全媒体场域是否是思想政治教育过程的构成要素

尽管全媒体的“四全”特性在根本上对思想政治教育过程产生了深刻影响，但全媒体场域是作为整个思想政治教育过程的外部运行空间而存在的。不能混淆存在条件与构成要素的概

念，错把全媒体场域视为思想政治教育过程的构成要素。

1. 环境与人的生存发展密切关联

马克思和恩格斯认为："人创造环境，同样，环境也创造人。"①尽管人类能够打造符合自身需要的生存环境，但这并不意味着环境就是任人摆布的存在物。他们从唯物史观出发，指出"人们自觉地或不自觉地，归根到底总是从他们阶级地位所依据的实际关系中——从他们进行生产和交换的经济关系中，获得自己的伦理观念"②。人们形成什么样的环境观念以及采取怎样的方式处理他们与环境的关系，都与他们所处时代的生产力水平紧密相关。列宁在继承上述观点的基础上指出，"不能认为人们的思想和感情似乎是偶然出现的，而不是从一定社会环境中必然产生的"③。个体思想观念的形成必然会受到客观环境的影响和制约，并且个体的生存发展与客观环境紧密关联。经典作家们所论述的"环境"既包括自然环境又包括社会环境，但主要凸显的还是社会环境对人的思想观念形成的重要作用。

在互联网所形塑的线上线下生活世界相互融合的实践场域中，"社会结构、权力关系、社会行为、社会认同、社会组织等都被重新界定"④。全媒体环境改变了社会交往模式，人的思想品德形成与发展受到"四全"特性影响。在全媒体场域中，人们获取信息的渠道更广、速度更快。同时，这种信息获取的新情况也"对他们的求知途径、思维方式、价值观念产生重要影响"⑤。一

① 《马克思主义经典著作选读》，北京：人民出版社，1999 年，第 22 页。

② 《马克思恩格斯选集》第 3 卷，北京：人民出版社，1995 年，第 434 页。

③ 《列宁全集》第 1 卷，北京：人民出版社，1995 年，第 383 页。

④ 黄少华：《网络社会学的基本议题》，杭州：浙江大学出版社，2013 年，第 15 页。

⑤ 习近平：《在网络安全和信息化工作座谈会上的讲话》，《人民日报》2016 年第 2 期。

方面,全媒体场域直接作用于教育主体、教育客体和教育介体,并制约着它们的发展变化;另一方面,全媒体场域又被教育主体和教育客体所不断认识、适应、利用和改造,并根据教育介体的传播特征改变自身与之不相符合的技术特性。作为思想政治教育过程运行的外部空间,全媒体场域渗透于思想政治教育全过程。

尽管全媒体场域与思想政治教育过程密切关联,但它并不是整个思想政治教育过程的构成要素。马克思主义经典作家的观点只是表明社会环境与人的思想观念形成紧密相关,并非指社会环境就是人的思想观念形成过程的构成要素。关于教育环境是否是思想政治教育过程的构成要素,学术界曾出现过针锋相对的观点争鸣。有学者持赞同观点,认为思想政治教育的时代背景与个体的思想品德形成与发展规律,以及取得何种教育效果等直接相关。[①] 还有学者持否定观点,强调"思想政治教育环境是思想政治教育存在的条件",[②]故而不能把它与教育主体、教育客体和教育介体并列。本书认为,在互联网成为社会基础设施的今天,全媒体场域对思想政治教育过程的影响是全方位的。它不仅贯穿于思想政治教育全过程,还是整个思想政治教育过程存在与运行的外部场域。思想政治教育过程无法将全媒体场域全部容纳进来,故而不能仅把全媒体场域视为思想政治教育过程的一个构成要素。

---

① 张耀灿、刘伟:《论教育环境是思想政治教育过程的要素》,《江汉论坛》2006年第5期。

② 岳金霞:《关于思想政治教育环境的界定分析》,《学校党建与思想教育》2004年第12期。

2. 全媒体场域与思想政治教育过程相对独立、互相同构

整体而言，全媒体时代的思想政治教育过程是一个动态稳定的非平衡结构系统。由于教育主体、客体、介体等要素在全媒体场域中总是处于不断运动变化的状态，因此，思想政治教育过程无时无刻不在与全媒体环境进行着物质、能量和信息的交换，以保持自身系统结构的有序性。教育效果既形成于不同构成要素之间的相互作用，也产生于思想政治教育过程和全媒体场域之间的相互作用。作为一个独立系统的思想政治教育过程，不断与全媒体场域相互作用。全媒体场域是影响整个思想政治教育过程的外部媒体因素的总和。

全媒体场域与整个思想政治教育过程进行着信息交流与能量交换，并相互制约着它的更替和演进。因此，尽管全媒体环境是思想政治教育过程运行的外在实践场域，然而它并非完全与思想政治教育过程隔绝，而是与之进行着物质、能量与信息的交换活动。一方面，全媒体场域制约着思想政治教育过程内部诸要素的发展。以大数据、人工智能、区块链、虚拟现实等为代表的新技术贯穿思想政治教育过程始终，无时无刻不在对教育主体、客体和介体产生影响。另一方面，教育主体和教育客体也在能动地认识和改造着全媒体场域，全媒体场域成为教育主体和教育客体共同认识和改造的对象。“只有系统内部关系和外部关系相互协调、统一，才能全面地发挥出系统的整体功能，保证系统整体向最优化方向发展。”[①]作为一个完整的系统，思想政治教育过程不仅要注意调节教育主体、客体和介体等要素之间的

---

① 吕永波：《系统工程》，北京：清华大学出版社、北京交通大学出版社，2005年，第14页。

相关性，还要根据社会要求，保证全媒体场域向符合社会期望的方向发展，实现思想政治教育过程与全媒体场域的良性互动。

尽管全媒体场域总是处于不断变化之中，但教育活动总是在特定情境中组织实施的，所以思想政治教育过程总是要受到具体情境的制约。在狭义上，全媒体场域是一种新的传播环境。倘若线上线下传播的信息导向和论调相互一致，则有利于形成良好的舆论环境，强化思想政治教育的积极影响，促进社会成员形成社会期望的思想品德；倘若线上线下传播的信息导向和论调不相一致，则会形成不良的舆论环境，削弱思想政治教育的正面影响，不利于形成社会凝聚力，甚至会加大社会分歧、阻碍社会团结。在广义上，全媒体场域不仅对社会经济环境、政治环境和文化环境产生巨大变革，而且也改变了家庭环境、学校环境、社会组织环境和同辈群体环境。它是作为一种新的社会整体环境，全面改变着思想政治教育的思维方式、生存样式和实践模式。为此，在现有认知能力和实践水平能达到的范围内，大力优化与利用全媒体场域，是促进个体思想政治品德有序发展，推进整个思想政治教育过程平稳更替与演进，以及提高教育实效的必要举措。

二、全媒体时代思想政治教育过程的构成要素

在全媒体场域中，教育主体、客体和介体之间相互联系又相互独立，是构成思想政治教育过程的三个基本要素。科学认识三者之间的关系，要结合全媒体场域特征对它们的内涵、特征和功能展开论述。

（一）全媒体时代的教育主体：施教主体与受教主体

在全媒体时代，思想政治教育的主体是一种交互主体。由

于个体的身份总是处于流动状态，应从施教主体和受教主体两个层面认识与把握思想政治教育的主体。

1. 思想政治教育主体的内涵

在数字化生存状态下，个体身份处于流动状态，不存在任何固定不变的教育主体角色。某个节点是作为施教主体还是受教主体而存在，要根据他与其他节点互动时所发挥的作用来判断。若是对他人施加影响，这个节点就是施教主体；反之，则是受教主体。

一方面，施教主体是思想政治教育的主体。施教主体承担着理论传播、价值引导、心理疏导以及活动组织等职能。施教主体是思想政治教育活动的具体执行主体，能够根据社会要求对教育对象施加正面的教育影响，促进教育对象达到符合社会发展期望的思想道德水平。人们通常把具有教育者身份的人看作是施教主体。事实上，不是所有具备教育者身份的人都是真正意义上的施教主体，只有充分发挥主观能动性，并对他人产生教化作用的教育者才是施教主体。教育者如果不具备主观能动性，即使具备从教身份，也不是真正意义上的施教主体。相反，个体即使不具有教育者身份，却能在社会生活的交往活动中充分发挥主观能动性，并对他人产生教化作用，那么，他就是真正意义上的施教主体。

另一方面，受教主体是思想政治教育的主体。受教主体是施教主体施加正面教育影响的对象。受教主体不是完全被动地接受教育者传递过来的信息，而是在教育信息的选择和接收、认知与践行等方面都具有主观能动性。同时，受教主体在接受教育时所具备的能动性也对施教主体的工作思路具有制约作用。

"既要把人作为教育的对象，又要把人作为教育的主体。"[①]受教主体的网络生存习惯、信息接收偏好、成长困惑与需求等无一不对施教主体的教育方式、教育形式和教育内容提出要求，要求施教主体根据群体差异有针对性地开展相关教育活动。判断思想政治教育是否取得实效，还要看受教主体是否将施教主体传授给他们的知识、情感、态度和价值观内化为个人的思想道德品质并外化为具体的行为实践。

2. 思想政治教育主体的特征

主观能动性。施教主体的主观能动性是由他们的地位和作用所决定的，着重体现为他们在思想政治教育中所具有的主动性、创造性和超越性。主动性是指教育者能够实时结合最新舆论形势，根据社会要求对教育对象施加正面影响。创造性是指教育主体能够根据思想政治教育活动需要，创造性使用新媒体技术，探索新方式新形式，促进思想政治工作"活"起来。超越性是指教育者能够适当超越现实水平，根据社会未来发展期望的思想道德水平引导人们坚定理想信念。受教主体的主观能动性是由他们自身的成长与发展需要所驱动的，着重体现为他们能够积极看待并接受施教主体所施加的教育影响，根据社会发展期望主动改造主观世界，并且通过自觉自为的实践活动积极改造客观世界。

多元性。在互联网的去中心化趋势下，"社会管理"理念正在向"社会治理"理念转变，多主体共同参与成为社会组织解决问题的基本方式。互联网的赋权作用促使大众掌握话语权，人

① 郑永廷、张国启：《论思想政治教育学科建设与发展》，《思想教育研究》2006年第2期。

人都是“内容生产商”。用户生产内容的UGC模式、专业生产内容的PGC模式和职业生产内容的OGC模式相互交织，政府、个人、企业和其他社会组织运营的媒体平台在生产发布信息的同时，也无时无刻不处在信息接收和被复杂海量信息影响的过程中。思想政治教育主体呈现出多元共存特征，不同身份、年龄、职业的人以及由他们所经营或形成的网络社交媒体组织对社会成员的思想观念产生影响作用。

选择性。生活在互联网编织的意义场景中，人们每天都要面对海量的信息轰炸。由于个体的时间与精力相对有限，施教主体和受教主体只能有所侧重地选择并接收信息内容。对于施教主体而言，使用何种方式、采取哪些手段、将哪些知识传授给教育对象以及促进教育对象形成何种价值观念等都是需要进行选择和设计的。受教主体也总是有选择地接受和吸收教育者传递的知识。施教主体和受教主体对教育内容、教育方法和教育途径等有所选择，能够提高思想政治教育的针对性和实效性。

3.思想政治教育主体的功能

教育功能。施教主体根据党和国家的事业发展需要，针对不同教育对象及其思想道德水平，制定教育目标，设计教育方案，实施教育方法，引导受教育者成长为合格社会成员。受教主体对照社会要求不断加强自身的思想政治品德素质，努力使自己成长为合格社会成员。在网络信息飞速蔓延的今天，人们获取信息的门槛降低，仅仅告诉教育对象“是什么”已经不能满足他们的精神成长需求。施教主体要结合时代特点对知识和原理做出深刻诠释，揭示不同事件背后的内在关联，以优质的内容质量换取教育对象的支持。

管理功能。施教主体依据社会发展需要和教育对象的思想实际情况制定教育目标和实践计划，设计科学可行的教育方案，采用多种方式有步骤地实施教育计划，并评估教育方案的有效性。受教主体则对照思想政治教育活动的各项规章制度，主动规范自己的思想和行为。施教主体也要进行自我管理，定期检查自己的思想行为是否符合思想政治教育活动的各项规章制度，及时反思自己的思想行为是否符合教育目标和教育对象的思想实际。

协调功能。思想政治教育过程是个复杂的系统，再加上多变的全媒体场域的渗透与交互，要求教育主体能够通过一定的手段或方式对各要素加以调节，促进形成教育合力，实现预期的教育目标。施教主体要协调好思想政治教育过程内部各要素和全媒体场域间的关系，协调好社会、学校、家庭和个体等不同教育力量间的关系，实现线上线下思想政治教育同向发力，使社会资源相互对接、相互补充。受教主体需要协调好自身发展目标与社会发展需要之间的关系，协调好自身思想品德进步与知识技能学习、公共生活参与和社会责任培育间的关系，协调好线上知识学习和线下实践锻炼间关系，成功实现社会化转型。

（二）全媒体时代的教育客体：施教客体与受教客体

客体和主体是相互关联的哲学概念，只有一方存在，另一方才能存在。与教育主体概念相对应，教育客体也是交互的，需要从施教客体和受教客体两个层面把握其意义。

1. 思想政治教育客体的内涵

学界存在这样一种观点，认为教育目标、教育活动以及教育内容、方法等要素都是思想政治教育的作用对象，所以应把它们视为思想政治教育的客体。本书认为，这种观点失之偏颇。教育目标、活动、内容、方法等要素归根结底是为教育人、培养人和改造人而服务的，“人”才是思想政治教育的作用对象，而在此过程中所出现的教育目标、教育活动以及教育内容、方法手段等，只能算是完成教育人、培养人和改造人这一终极任务的中介。

一方面，施教客体是思想政治教育的客体。从精神交往的互动性角度来看，“思想政治教育的过程是传授与接受相统一的过程”①。即使是在特定阶段、特定环节中发挥主导作用的教育者，在其他阶段、其他环节中也是接受他人影响的教育对象，教育者成为接受他人教育或自我教育的施教客体。一方面，教育者先受教育。教育者要想把马克思主义理论知识更好地传递给教育对象，就必须自己先接受教育，通过专业的理论学习搞清楚思想理论的具体内涵。另一方面，教育者向教育对象学习。面对新实践中出现的新事物，思想政治教育工作者需要与教育对象交流，才能了解详情。在具体实践中，“主体客体化”是全媒体场域中思想政治教育过程得以持续更替和演进的重要保证。

另一方面，受教客体是思想政治教育的客体。受教客体的认识是在教育活动中被施教主体有目的、有计划和有组织地施加教育影响的对象。受教客体是一个复杂的集合体，按照不同的标准可以将其划分为不同的类型。受众客体既可以是个人，也可以是集体；既可以是青少年，也可以是中年人；既可以是领导干部，也可以是普通群众；既可以是现实社会成员，也可以是网民。总之，哪里有人，哪里就有思想政治教育。

2. 思想政治教育客体的特征

受动性。施教客体的受动性，体现为教育者自身也需要接

① 熊建生：《思想政治教育内容结构论》，北京：中国社会科学出版社，2012 年，第 268 页。

受他人施加的正面影响。在教育目标实施层面，施教客体和受教客体是教育效果的最终体现者。倘若他们能够在他人影响下形成社会发展所期待的思想政治品德素质，就意味着教育效果显著。施教客体和受教客体受到教育主体的思想引导，处于被支配和被调控的从属地位。同时，与他们相关的教育内容、手段和方法等中介要素都要通过教育主体的传授才能实现对接，而不是由他们自己直接支配。

可塑性。通过教育主体所施加的思想与行为影响，施教客体和受教客体的思想、情感、心理和行为能够向符合社会要求的方向转变。人的思想是在环境影响和教育者影响的综合作用下，在不断发展的社会实践中逐渐形成并不断发展的。故而，思想政治教育是一项持续的实践，不能抱有一劳永逸心理。这就要求教育主体根据最新形势和受教育者的实际思想水平定期更新教学内容，同时，还要以发展的眼光看待和赏识教育对象，相信受教育者具有巨大的发展潜力和光明的发展前景，不断激发受教育者的潜能。

层次性。对于教育客体层次性的理解，既要延续传统思维，从年龄、职业、文化程度、社会身份、地域空间等方面把握教育客体的不同类型，又要更新认知视角，结合全媒体时代信息生产与传播的新特征重新把握教育客体的层次。教育客体的需求具有多样化特征，要求教育主体在开展教育活动时能够充分考虑到个体需求的差异性。“思想政治教育的全员覆盖越来越不是一种同质的整齐划一的覆盖，而是一种异质的多样性的覆盖。”[①]教

① 盛跃明：《思想政治教育转型论：现代性的观点》，北京：人民出版社，2015年，第218页。

育主体必须重视区分教育对象的层次性，并根据教育对象的具体特征和实际需求因材施教。

（三）全媒体时代的教育介体：教育内容、方法与载体

没有教育介体的勾连、传导和承载，教育主体和教育客体就无法建立起有效的连接，更别说相互联系和相互作用了。思想政治教育介体与时代特征、个体需求紧密相关。

1.思想政治教育介体的内涵

作为一种中介因素，教育介体主要包括思想政治教育的内容、方法和载体。

教育内容。教育内容是社会要求在理论知识和情感、态度、价值观等方面的具体呈现，是体现政治性、目的性和先进性的全部教育信息的总和。教育内容既是教育方法、手段和机制得以实施的基础，也是教育主体和教育客体实践的对象。教育内容有其独特的内在结构体系，包括基础性内容、主导性内容和拓展性内容三个部分。[①] 其中，基础性内容即现阶段我国各级学校思想政治品德课程所传递的内容，包括爱国主义教育、传统美德教育等；主导型内容即涉及社会主义制度、信仰和文化的教育，包括理想信念教育、形势政策教育、政治理论教育等；拓展性内容即帮助个体成为合格社会成员，以便他们更好地参与社会生活的内容，包括民主法制教育、创新精神教育、媒介素养教育、数据素养教育等。

教育方法。教育方法是教育者为了实现教育目标、传递教育内容，而对教育对象所采用的全部活动方式以及教育手段的

---

① 熊建生：《思想政治教育内容结构论》，北京：中国社会科学出版社，2012 年，第 148 页。

总和。理论界关于思想政治教育方法的认识集中体现为思想政治教育学科的方法论。根据适用范围划分，思想政治教育方法论体系包括原则方法、具体方法、操作方式和方法的运用四个部分。[①] 其中，原则方法涵盖理论联系实际、实事求是、群众路线以及科学性与方向性相结合、物质奖励与精神奖励相结合、线上教育和线下教育相结合等方法；具体方法包括思想信息数据采集、思想动态状况分析等认识方法，理论宣传、社会调查、榜样示范、比较鉴别等实践方法，以及反馈调节、总结评估等管理方法；操作方式是思想政治教育具体方法在不同条件时的特殊方法形态；方法的运用就是思想政治教育艺术，包括恰当运用语言的艺术、科学把握"时效度"的艺术等。

教育载体。教育载体是承载、传导和传递思想政治教育的内容、任务、目标、原则等信息，并且能为教育主体所运用，促进教育主客体之间形成相互联系的全部物质实体及活动形式的总和。虽然有些载体不能直接用眼睛观察到，但是它们真实存在于思想政治教育中。不能把教育载体看作是人们主观臆造的产物，它是一种真实的客观存在。当前，思想政治教育的载体主要有文化载体、活动载体、管理载体和传媒载体，并且传媒载体的地位日益凸显。在全媒体场域中，网络文化作为一种特殊的文化形式被单独提出来，它对社会成员的思想观念与道德行为的影响深刻。思想政治教育的内容生产寓于网络文化建设之中，故需让互联网承担起一定的思想政治教育功能。

2. 思想政治教育介体的特征

传导性。作为勾连起教育主体和教育客体的中介，思想政

① 张慧欣、杜晶波：《思想政治教育学原理新编》，沈阳：东北大学出版社，2016年，第89页。

治教育介体总是承载和传递着一定的思想信息，是输入与输出理论知识以及符合社会要求的情感、态度和价值观的导体。教育主体和教育客体之间的信息沟通总是要借助一定的中介，离开了中介的勾连，主客体之间就无法建立起联系，也就无法取得预期的教育效果。教育主体需要借助一定的教育介体作用于教育客体，同时，教育客体也可以通过一定的教育介体反作用于教育主体。

针对性。无论是思想政治教育内容、方法还是载体的选择和运用，都必须考虑到教育对象的个性特征、文化程度和媒介偏好等因素，还要考虑到教育对象的思想道德水平差异，有针对性地选择恰当的教育内容和教育方法，借助于合适的教育载体，有的放矢，真正做到因材施教。教育介体的选择和使用必须具有针对性，要结合不同教育主题的具体情境、教育对象的媒介使用偏好以及现实状况所能提供的新兴技术条件支持等因素，利用全媒体的传播优势实现教育内容的精准推送，满足不同教育对象的多样化成长与发展需求。

综合性。教育内容、方法和载体不是单独发挥作用的独立因素，它们相互交织在一起，综合作用于人的思想品德形成过程。全媒体场域要求积极探索线上线下思想政治教育过程有效融合的路径，在把握不同阶段、不同环节的思想政治教育具体要求的基础上，系统分析思想政治教育过程内部各要素的特点，综合运用传统教育方式和新兴教育手段，努力形成思想政治教育的整体性优势，实现思想政治教育的综合性效果。

技术性。全媒体时代，技术性是思想政治教育介体的突出特征。现代信息技术、大数据、人工智能、虚拟现实和增强现实等高新科技综合渗透到社会生活领域，促使思想政治教育过程发生结构性变革。在全媒体场域中，教育内容不仅要坚守意识形态教育的价值逻辑，还要适应现代信息技术的话语逻辑。教育方法必须适应大数据技术的算法推荐机制，促进主流算法融入思想政治教育的内容生产与信息获取全过程。同时，教育载体的场景营造更加逼真，虚拟现实、增强现实等技术所营造的沉浸式体验正在给参与者带来全新体验。

三、全媒体时代思想政治教育过程的结构和功能

教育主体、客体、内容、方法和载体等诸要素在全媒体场域中集结并相互作用，形成了具有特定结构和功能的思想政治教育过程系统。认识和把握思想政治教育过程的结构和功能，首先要从系统论视角对思想政治教育过程进行分析。

（一）全媒体时代的思想政治教育过程系统

系统和要素是一对相互依存、互为条件的哲学概念。贝塔朗菲首次提出"系统"概念，认为系统是个"相互作用的诸要素的综合体"[①]。根据这一定义，可以提炼出系统的三个必备条件：第一，要素是构成系统的基本单元。为了能够形成相互作用，系统由两个以上要素组成；第二，各要素间总是存在着某些联系，并在这些内在联系的相互作用下，系统内部和外部形成了某些特定的结构。任何系统都是从属于更大系统的要素，它与自身诸要素、其他系统以及所在的环境之间存在着相互作用机制；第三，任何系统都具有各要素单独发挥作用时所不具备的新功能。思想政治教育过程就是个具有多种要素、结构和功能的系统。

① 吕永波：《系统工程》，北京：清华大学出版社、北京交通大学出版社，2005年，第5页。

1. 思想政治教育过程系统和构成要素的相互作用

首先,思想政治教育过程系统支配和控制构成要素。思想政治教育过程系统不仅决定着每个构成要素的基本形态,还决定着不同构成要素之间的相互作用关系。若是整个思想政治教育过程系统基本处于稳定状态,那么构成要素也基本保持稳定;若是整个思想政治教育过程系统的特性和功能发生变化,那么不同构成要素以及它们之间的相互作用关系也会变化。当思想政治教育过程系统处于平衡稳定状态时,这种平衡稳定所形成的整体性作用,不仅能够决定每个构成要素在思想政治教育过程中的地位、排列次序、作用性质和范围大小,还能够统率各个构成要素的功能和特性,协调它们之间的相互关系。

其次,构成要素之间的相互作用决定着思想政治教育过程系统的功能和特性。在教育主体、教育客体以及教育内容、方法和载体等构成要素中,无论是哪两个要素之间出现矛盾,都会破坏整个思想政治教育过程系统的平衡与稳定,不利于有效发挥思想政治教育过程系统的整体功能。只有它们之间形成一种协调适应的作用关系,才能维持思想政治教育过程系统的动态平衡和稳定,并不断向更加高级的状态过渡。

最后,思想政治教育过程的"系统"和"构成要素"是一组相对概念。基于更加宏观的层面,思想政治教育过程系统又是其所存在的社会大系统的组成部分。系统和要素的地位与性质不是一种绝对概念,而是一种因时因地发生变化的相对概念。认识到系统与要素之间的相对性,可以使人们在认识事物时避免简单化和绝对化,既把思想政治教育过程系统当作是社会大系统结构中的一个要素来对待,又注意到思想政治教育过程系统不仅是社会大系统结构中的一个要素,它本身也包含着复杂的结构，对此应该予以区别对待。

2. 全媒体时代思想政治教育过程系统的表现形态

实体系统。思想政治教育过程以线上和线下的教室、会议室、纪念馆、集体仪式场所等特定场域为发生空间，以理论宣传、参观学习、榜样选树、英模表彰等活动形式为载体，在教育主客体之间传递教育信息。

动态系统。思想政治教育过程是一种动态系统，它的具体状态和实践要求在不同时间、不同场域中呈现出明显的差异性。相同的教育内容在线下与线上思想政治教育过程中的呈现方式迥然相异；随着时代发展，教育内容、教育方法不断更新。正是由于互联网技术的成熟发展，媒体融合由“相加”向“相融”状态过渡，才形成了以“四全”为特性的全媒体场域。思想政治教育过程逐渐向媒介化方向发展，并且这一趋势仍将向前演进。

开放系统。虽然思想政治教育过程是个整体，但它不是封闭的整体，而是不断与外部环境进行着各种物质、能量和信息的交换。正是由于新的物质、能量和信息不断介入，思想政治教育过程能够适时调节，使构成要素适应不断出现的环境变化。一方面，思想政治教育过程要通过全媒体场域的输入，受到全媒体场域的约束；另一方面，思想政治教育过程又要对全媒体场域进行输出，不断对其施加影响。

3. 全媒体时代思想政治教育过程系统的分析逻辑

结构和功能是系统研究的基本范畴，也是系统不可分割的两个方面。分析思想政治教育过程系统，要从结构与功能的内在联系入手。

一方面，结构和功能是系统科学研究的两个向度。在系统科学的研究范式中，研究一个系统应包括两个向度。一是向内解析，研究系统内部的要素和结构，把握系统的构成。教育主体、客体和介体是构成思想政治教育过程系统的基本单元。它们相互联系、相互作用，组成不同的结构。当思想政治教育过程系统的结构发生变化时，它的功能也会变化。二是向外解析，研究外部环境与系统的关系，把握系统的功能。全媒体场域是思想政治教育过程系统存在和运行的外部环境，它对思想政治教育过程系统的功能产生影响。思想政治教育过程系统必须在与全媒体场域的相互作用中，才能释放出功能。

另一方面，确立“要素—结构—功能”的分析逻辑。剖析思想政治教育过程系统是为了科学地把握它的内在结构，促使它发挥最佳效能。分析思想政治教育过程系统的功能，要把握各要素及其内在关联，明晰思想政治教育过程系统的结构，才能回答系统功能的生成与发挥问题。把握了思想政治教育过程系统与全媒体环境的关系，就能揭示思想政治教育过程系统功能的生成和演化规律。对于全媒体时代思想政治教育过程系统的分析应遵循系统科学的研究理路，把“要素—结构—功能”作为分析逻辑。

（二）全媒体时代思想政治教育过程的结构

思想政治教育过程系统由两个以上要素组成，构成要素之间的联结方式会影响系统的性质。分析全媒体时代思想政治教育过程系统，就是考察各要素间的多种联结关系。各要素间的联结关系发生变化，思想政治教育过程的结构也会随之改变。

1. 思想政治教育过程构成要素的联结关系

结构是“系统的所有要素之间、要素集合之间所有可能关系的总和”[①]，仅有构成要素还谈不上结构，还要纳入构成要素之间的相互关系。考察思想政治教育过程的结构，就是考察不同构成要素之间的相互作用关系。厘清思想政治教育过程构成要素的联结关系，是认识构成要素如何组成各类结构的先行问题。不同构成要素之间的联结关系包括三种：

“主体—客体”联结。教育主体和教育客体是思想政治教育过程的核心要素，二者既相互对立又相互统一。教育主客体彼此互为对方存在的前提，共同构成了思想政治教育过程存在与运行的前提条件。可以说，思想政治教育过程的功能正是在教育主客体的内在联系中生成的，如果二者不存在这种对立统一的内在联系，也就无法生成整体性的系统功能。

“主体—介体”联结。教育主体在思想政治教育过程中起着主导作用，影响和制约着教育内容、方法和载体等中介要素的作用发挥。一般意义上，教育内容、方法和载体等中介要素只有为教育主体所掌握，才能发挥其应有的作用。具体而言，教育内容必须反映教育目标要求，并为教育主体所掌握；教育方法呈现教育内容，并为教育主体所使用；教育载体承载教育内容和教育方法，并为教育主体所运用。教育主体与教育介体的联系，直接影响思想政治教育过程系统的存在和运行，还决定了教育主体能在多大程度上发挥教育效能。

“客体—介体”联结。教育客体总是能动地参与思想政治教育过程，教育内容、方法和载体只有为教育客体所接受，才能与教育客体产生内在联系。在全媒体场域中，教育内容不仅要符

① 苗东升：《论系统思维(四)：深入内部精细地考察系统》，《系统辩证学学报》2005年第2期。

合社会要求，还要结合全媒体场域的数字化、移动化和智能化技术特征，采用形式多样的教育方法，用网络技术手段呈现教育内容。

2. 思想政治教育过程的结构类型

各要素按照一定的排列组合方式形成了不同的结构形式，意味着思想政治教育过程系统内部总是存在着多样化的结构。学界主要有以下几种观点：

第一，从教育主体的地位和角色出发，将思想政治教育过程的结构划分为主体中心模式、客体中心模式、多元主体模式、等级结构模式和双向互动模式。[①] 随着全媒体普及，“去中心化”成为不可逆转的趋势。“主体中心”和“客体中心”只在特定阶段和环节才成立。

第二，从不同构成要素发生联系的具体方式出发，将思想政治教育过程的结构划分为横向结构和纵向结构。[②] 横向结构是从整体上考察不同构成要素之间的内在联系。纵向结构是从局部考察不同构成要素之间相互作用的具体方式。这种结构划分方式基本勾勒出思想政治教育过程的结构轮廓，但没有展现出思想政治教育过程作为系统的立体性特征。

第三，从思想政治教育过程存在的目的性以及形成结构现实运行的可能性出发，将思想政治教育过程划分为主体主导结构、客体需求结构、专题教育结构和中介支撑结构。[③] 其中，主体

① 张耀灿、郑永廷、吴潜涛等：《现代思想政治教育学》，北京：人民出版社，2006年，第241-250页。

② 李志强：《论思想政治教育过程的结构及规律》，《学校党建与思想教育》2017年第9期。

③ 粟国康：《思想政治教育功能研究》，北京：中国社会科学出版社，2019年，第63页。

主导结构指教育主体充分发挥主导作用，保证思想政治教育过程在符合社会要求的前提下运行。客体需求结构指根据教育客体的需求，有针对性地开展教育活动。专题教育结构指根据党在不同历史阶段的宣传思想工作任务，围绕特定主题开展教育活动。中介支撑结构指关注不同历史时期的媒介差异，根据社会现实选用恰当媒介。上述四种结构在思想政治教育过程内部运行并与全媒体场域发生作用，生成了思想政治教育过程的内部功能。同时，它们所组成的思想政治教育过程在与全媒体场域相互作用的过程中也生成了外部功能。

（三）全媒体时代思想政治教育过程的功能

思想政治教育过程的功能，强调思想政治教育过程系统与外部全媒体环境相互作用所反映的能力，体现了思想政治教育过程与全媒体环境之间的物质、能量和信息转换关系。

1. 思想政治教育过程的功能由其结构所决定

思想政治教育过程的功能由其内部结构所决定，要立足于思想政治教育过程的结构才能准确把握其功能。

首先，思想政治教育过程的结构决定其功能的整体水平。各要素间的不同排列组合，形成了不同的思想政治教育过程结构。在整体上，作为系统的思想政治教育过程结构通常会呈现出两种状态。一种是合理的系统结构。思想政治教育过程中的各要素搭配得当，整个系统的功能显著增强，呈现出“1＋1＞2”状态。另一种是不合理的系统结构。各要素间搭配不当，甚至由于互相牵制而出现内耗现象，导致思想政治教育过程的功能减弱。

其次，思想政治教育过程的结构决定其功能的发挥程度。思想政治教育过程结构的稳定性会影响它的功能发挥程度。一般而言，思想政治教育过程的结构具有较高的稳定性，意味着它的诸要素间的排列组合较为合理，并且这种排列组合越合理，它的功能发挥程度就越高；相反，思想政治教育过程的结构缺乏稳定性或者稳定性程度不高，意味着它的诸要素间排列组合不当，并且这种排列组合越失调，思想政治教育过程功能的发挥程度就越低。

最后，思想政治教育过程的结构决定其功能的表现形式。在全媒体场域中，思想政治教育过程功能的发挥，总是受到它的内部结构制约。思想政治教育过程内部诸要素间的排列组合越合理，它的结构类型就越完善，功能形式就越丰富，并且功能效力也就越强。与之相反，若是思想政治教育过程的结构单一，就会影响其功能表现形式的丰富性和实效性，导致思想政治教育过程的某些功能因结构类型单一而缺失，最终只能发挥出有限作用。

2. 全媒体时代思想政治教育过程的功能类型

育人功能。育人功能是思想政治教育过程系统所要致力于发挥的基本功能，其他功能都是围绕着这一功能展开的。育人，不是简单地教给人们理论知识，而是要不断提升个体的思想政治品德素质，发展个体的科学文化素质，完善个体的身体心理素质，增强其他各方面的综合能力，最终促进实现人的全面发展。当前，育人功能的突出表现就是努力把社会成员培养成为能够担当民族复兴大任的时代新人。

治理功能。全媒体时代重新形塑了社会组织架构，多元主体共同参与思想政治教育治理。思想政治教育过程要坚持协同创新原则，将全部要素、结构和全媒体场域纳入思想政治教育治理过程。一是加强目标管理。将思想政治教育的预期目标有机分解成不同步骤，在教育目标的引领下调动多元主体的能动性，充分形成教育合力。二是加强社会管理。聚集最广泛的社会力量共同参与思想政治教育过程，尤其需要既懂得专业理论知识，又掌握新媒体技能的全媒型人才，为思想政治教育提供智力支持。三是加强系统管理。确立整体思维方式，用联系的眼光看待思想政治教育过程诸要素和全媒体场域的联系，推进落实治理方案。

发展功能。在媒体融合趋势下，思想政治教育发展越来越呈现出社会化、人本化和技术化等新特征。这些新特征反过来又作用于思想政治教育过程内部的各要素以及全媒体场域，促进它们不断调整以符合思想政治教育的现代化发展趋向。正是在不断面对新问题、克服新挑战的过程中，思想政治教育才能不断顺应时代发展趋势。

第三章　全媒体时代思想政治教育过程的运作机理与基本态势

本章从动态维度揭示了思想政治教育过程的运行状态及其内部机理。目前,学界对于思想政治教育过程运行状态的研究多从运行环节和阶段视角切入,尚未廓清其互动机理与运作态势。由于这一研究视角的辐射范围有限,我们对思想政治教育过程的认识仍然存在“盲区”,诸如各要素是如何运行以及为什么会发生这样或那样的运行、思想政治教育过程和全媒体场域之间是如何互动的以及为什么会发生这样或那样的互动等更深层次的问题尚不清楚。本章拟在学理层面解释上述问题,进一步丰富全媒体时代思想政治教育过程理论。

一、全媒体时代思想政治教育过程的互动机理

思想政治教育过程是个完整的系统,它和全媒体场域之间的联系也是个系统。这两个系统都是绝对运动和相对静止的统一,在“起”“承”“转”“合”的动态变化中完成思想政治教育过程。“起”即是源起和发生,有其科学的内在逻辑;“承”即是编码和表达,将构成要素中的物质、能量和信息以符合情境的形式传递出去,为互动的发生提供物质基础;“转”即是转化和重构,突出表现为各要素间、思想政治教育过程和全媒体场域相互作用是质

变过程，会产生新的物质、能量和信息；“合”即是协同和统合，构成要素、结构、系统以及全媒体环场域变化的最终指向都是提升育人实效。

（一）思想政治教育过程构成要素互动的发生学考察

构成要素运行的发生发展有其内在规律，有必要先从发生学视角对它们之间的互动进行简要考察。

1.发生学方法的核心要义

发生学方法是一种综合历史、系统和现象的认识发生方法。马克思在政治经济学研究中采用发生学方法剖析了资本主义世界，同样，我们也可以用这一方法来分析现实生活世界。发生学方法的核心要义是在动态发展过程中考察事物形成与发展的本质，充分考虑历史和时间因素对事物形成和发展的影响。与之相应，事物的发展起源、发展阶段、发展环节和发展机制成为发生学的核心议题。事物的转化总是存在着一定的内在机制，也即事物由一种形态转化为另一种形态总是依据特定的运作机理。全媒体时代，思想政治教育过程“发生”的现实依据即是当前中国发展所面临的客观形势，需从两个方面把握。一是新时代的时代背景。新时代的历史方位不仅是促使思想政治教育过程的矛盾发生转向的外部驱动力，还从内部催生了思想政治教育过程的内生性演化。二是全媒体的生存背景。全媒体场域中，跨越时空交往、多技术手段交往、多元主体共同参与等成为现实，深刻改变了思想政治教育过程。

2.“发生”意义上的互动触发

胡塞尔在阐述发生现象学时，专门提到了“触发”对于“发生”的重要作用。“触发”是使个体转化为能动对象的契机或动因。它总是具有潜在性，在受到外部因素刺激后才能生发出来。

在互动触发中存在着一种能够引起触发作用的临界点，胡塞尔称之为“唤醒的零点”。一旦越过这个临界点，就开始了触发；如果没有达到这个临界点，就不能称之为触发，只能算作是触发的准备或者发酵阶段。立足于“发生”的最初起点，思想政治教育过程内部诸要素之间相互作用所产生的互动触发是促进整个过程运行的首要条件。在发生学意义上认识与把握思想政治教育过程诸要素间的互动触发，就是要把握各要素间形成触发作用的临界点。施教主体何时转化为施教客体，受教主体何时转化为受教客体，教育内容、教育方法、教育载体和全媒体环境的综合作用如何转化为最终的教育效果，都存在一个引起触发作用的临界点。这些临界点看不见摸不着，却真实地存在于思想政治教育过程中。在实践中，可以根据教育的实际效果大致推测出它们的存在区间，并据此判断这些临界点是否发生了质变式的转移或超越。如果思想政治教育主客体的互动关系发生了地位反转，或是教育内容、教育方法和教育载体都由于全媒体的介入而出现了新变化，则意味着各要素间真正形成了触发作用；反之，则意味着各要素间尚处于触发酝酿阶段，还未形成触发作用。

3.“发生”视域中的交互主体性

胡塞尔的发生现象学还考察了“交互主体性”与“发生”的内在联系，强调事物之间互相构造的过程要用发生学方法才能展开。“交互主体性”强调“他人”与“自我”的关系。“他人”是一种相对于“自我”而存在的真实主体，他们不是没有思想和缺乏理性的被动者，而是具有理性思考能力的能动个体。“自我”总是自觉或被动地认识“他人”，“他人”也总是自觉或不自觉地对“自我”展现出他的主体性。交互实践是思想政治教育过程“发生”

的根本方式,也是思想政治教育过程运行的内生动力。从思想政治教育过程“发生”的性质来看,教育主客体的关系应是一种平等的交互实践关系,而不是一方居高临下、另一方被动接受的管理和被管理、改造和被改造的关系。思想政治教育过程运行不仅要考虑社会主流意识形态的教育要求,还要从教育对象的具体实践出发,及时解决他们遇到的问题。交互实践推动思想政治教育过程不断向前更替,使一个又一个思想政治教育得以发生和运行。

(二)思想政治教育过程中构成要素的互动生成机理

思想政治教育过程运行起始于各要素间的互动,并因构成要素相互作用而处于持续运行状态。只有把握构成要素的互动生成机理,才能更好地把握其间所存在的各项规律。

1. 自组织系统不断“吐故纳新”,催生构成要素互动

思想政治教育过程是个开放的自组织系统,能够从无序状态转变为有序状态。在开放系统中,当外界条件变化越过系统平衡的特定阈值时,由新物质、能量和信息介入所带来的量变将会引发质变。一个系统要形成并维持有序状态,必须能够在开放的状态中“吐故纳新”。全媒体时代,思想政治教育过程处于一个开放的外部环境中,不断吸收新事物、摒弃旧物质。从“物质”流来看,人才、技术、资金、设备等物质资源是思想政治教育过程运行的必备条件。从“能量”流来看,学校、家庭和社会等各方力量不仅在线下合作,而且在线上交互行动,共同作用于思想政治教育过程。从“信息”流来看,大数据、人工智能和区块链等技术综合介入思想政治教育过程,必须重视互联网在思想政治教育过程中的作用,促进思想政治教育的教育观念、教育思维、教育内容和教育手段等适应全媒体时代的技术要求。

2. 交往形成了思想政治教育实践，促成构成要素互动

交往是马克思认识和解释实践活动的重要范畴。人类的全部实践活动都来源于交往，离开了交往，实践活动就无从启动。人是一切社会实践的主体，即使是在全媒体场域中，个体成为数据化存在、节点式存在，但是他们的本质没变，仍是思想政治教育过程的核心要素。同时，交往也是个具有社会属性的概念，反映了思想政治教育过程中的教育主客体是人格平等的共生关系，而不是孰优孰劣的隶属关系。这一属性内在地规定了“关系”在思想政治教育交往中的重要作用。“马克思始终是在‘关系’中研究人的。”[①]教育主体不是作为单一化形态而存在，而是“个人主体、群体主体、社会主体和类主体的统一”。[②] 全媒体在社会生活各领域的渗透促成了社会关系的深刻变革，技术赋权使大众掌握了话语权，改变了教育主客体的交往关系。面对这一新的实践场域变化，思想政治教育过程正在向教育理念人文化、教育资源协同化、教育主体多元化、教育功能渗透化、教育手段技术化等转变。

3. 思想政治教育过程内部总是存在矛盾，激发构成要素互动

任何事物内部与外部总是存在着各种各样的矛盾，引起事物的运动、变化和发展。其中，事物外部矛盾能够对事物发展产生影响，但这种影响不是决定性的；事物内部矛盾也对事物发展具有影响，并且这种影响是根本性的。虽然全媒体场域与思想

① 韩庆祥、庞井君：《马克思的人学理论——对马克思的思想体系的一种新解释》，《中共中央党校学报》1997 年第 1 期。

② 项久雨：《论多重视角下的思想政治教育主客体关系》，《教学与研究》2014 年第 9 期。

政治教育过程所进行的物质、能量与信息交换能够在整体上重塑思想政治教育过程，但是它仅仅作为外因在起作用，并不能在根本上促成思想政治教育过程运行和发展。真正对思想政治教育过程运行和发展起到决定作用的是内因，也就是各个构成要素内部所存在着的各种矛盾，并且各个构成要素以及由它们所组成的思想政治教育过程之间总是存在这样或那样的矛盾，由矛盾所形成的内在驱动力促使思想政治教育过程不断向前更替与演进。矛盾张力还有“度”的要求。矛盾双方保持合理有度的张力，能够促进事物向前发展。张力不足，不能促进事物发展；张力过度，将会产生破坏性力量；只有合理适度的张力，才能促进事物自我调节进入和谐状态。

（三）思想政治教育过程中构成要素的互动持续机理

构成要素的互动持续机理是使思想政治教育过程持续运行并保持相对稳定的运作方式。

1. 全媒体场域与构成要素之间始终保持适度张力

张力是个物理学名词，指物体受到某种拉力作用时，其内部也会生发出相对应的牵引力。思想政治教育过程的运行始终与全媒体场域存在着密切联系。一方面，思想政治教育过程受到来自全媒体场域的外部作用力，要求系统内部的构成要素适应全媒体生态；另一方面，在受到全媒体场域的外部作用时，思想政治教育过程也会生发出相应的内部牵引力。这种内部牵引力不但反作用于外部的全媒体场域，还直接作用于系统内部的各要素，促进构成要素之间重新排列组合并进行有机搭配，形成符合全媒体场域要求的新的思想政治教育过程结构，促使思想政治教育过程重新达到相对稳定状态。受到全媒体的“四全”特性影响，思想政治教育过程系统各要素间出现了张力，体现在以下两个方面：

第一，思想政治教育过程内部各要素的排列组合搭配不合理。系统内部的各个构成要素之间虽然相互独立，但并不是处于随机组合的无序状态，而是有机地排列组合并进行搭配，以保证发挥构成要素作用的同时保持系统的协调性和稳定性。在社会大系统和全媒体环境的影响和渗透下，思想政治教育过程内部各个构成要素之间经常出现排列组合搭配不当的情况。比如，教育主体的思想政治素质偏低，教育客体的思想政治素质偏高，或者教育主体的思想政治素质过高，教育客体的思想政治素质过低。二者之间的思想政治素质差距太大，他们之间的组合搭配就会出现不协调，导致思想政治教育结果无效。

第二，系统内部各要素无法相互配合以形成思想政治教育合力。只有各要素相互配合形成合力，思想政治教育过程才能有效发挥功能；反之，如果各要素间无法相互配合，思想政治教育过程就无法有效发挥功能。比如，教育主体的思想政治素质水平高并且教育积极性也高，但是教育客体缺乏接受教育的主动性和积极性，那么，教育客体就不能主动配合教育主体，导致二者关系出现不协调的状况。教育主客体之间一旦出现关系不协调状况，不仅不能形成思想政治教育合力，还会出现内耗现象，导致思想政治教育的最终效果不理想。此外，全媒体场域也会造成构成要素之间不能相互配合。受到成长环境和年龄结构的影响，年长的教育主体接受新事物的能力要稍逊于年轻的教育客体。他们对以互联网为载体的新的社会现象和生活方式的认识和实践要稍晚于年轻人，为了和教育对象产生话题共鸣，教育主体必须始终保持学习新知识和新技术的态度和热情，否则就无法协调好和教育客体的关系。

2. 构成要素之间无数个力的平行四边形持续形成合力

历史合力论是唯物史观的重要观点。恩格斯在致约瑟夫·布洛赫的信中首次提出“合力”与“总的合力”两个概念。“这样就有无数互相交错的力量,有无数个力的平行四边形,由此就产生出一个合力,即历史结果……融合为一个总的平均数,一个总的合力。”[①]他结合牛顿经典力学中力的平行四边形定律阐述了历史产生的过程,用“无数个力的平行四边形”指称历史活动中相互交错的各种力量,历史总是在不同事物的相互冲突中被创造出来。历史车轮奔腾不息,即使是那些具有划时代意义的历史也很快会被新的历史合力所取代,不存在固定不变的历史结果。思想政治教育实践的最终效果作为一种历史结果,也是在各种力量的合力作用下实现的。无论是各要素还是它们之间的相互作用关系,都处于不断生成、变化和发展过程中,并推动思想政治教育过程持续向前发展。

3. 构成要素和思想政治教育过程本身是不断生成的

现代哲学的发展的一个重要转向就是由现成论的思维方式转变为生成论的思维方式。[②] 在现成论的框架中,一切事物都已被先在性地设定好了本质和规律,人们根据预先设定的模式来认识和控制事物的发展。相反,在生成论的框架中,世界上的一切事物都是一种过程性存在,事物及其内在的本质、规律等并不是预先设定好的,而是在其发展过程中不断生成的。显而易见,生成论更加符合全媒体场域中思想政治教育过程的客观现状。无论是思想政治教育过程本身,还是各要素间的相互作用关系,

① 《马克思恩格斯选集》第4卷,北京:人民出版社,2012年,第605页。

② 邹广文、崔唯航:《从现成到生成——论哲学思维方式的现代转换》,《清华大学学报》(哲学社会科学版)2003年第2期。

无一不是过程性存在，都处于不断生成、持续更新的客观状态。思想政治教育是一项教育人、培养人和发展人的特殊实践。完整意义上人的生成既包括身体机能的成长，又包括心智、情感、意志以及思想的成熟。实现思想政治教育教育目标，不是一朝一夕就能成就的。特别是在个体成长发展的过程中，总是存在着一些对他们的情感、态度和价值观形成非常重要的关键时期和阶段，如果教育主体不能抓住这些教育契机并促成教育效果转化，就无法实现个体在这一时期和阶段的个性生成。

二、全媒体时代思想政治教育过程的运行动力

在全媒体场域中，存在着一股推动思想政治教育过程持续运行、更替和演进的力量。这就是思想政治教育过程的运行动力。

(一)思想政治教育过程的运行动力及其概念论析

思想政治教育过程的运行动力与它的互动机理存在密切关联，是一种真实的客观存在。同时，它们又有明显不同的理论特质。

1. 思想政治教育过程运行动力的内涵

运行动力是多种力量相互作用之后处于平衡状态的作用合力。在思想政治教育过程内部存在着各种力量，它们不是杂乱、随机地对思想政治教育过程产生作用，而是遵循着一定的内在章法，持续有序地作用于整个思想政治教育过程，使得思想政治教育过程的运行变得有章可循，呈现出能够为人所把握的规律性。在全媒体场域中，思想政治教育过程的运行动力由各个方面的力量统一而成，体现为教育主体、教育客体、教育介体等诸要素之间相互牵制，以及思想政治教育过程与外部全媒体场域

之间相互作用，最终达到力的平衡状态。

2. 思想政治教育过程运行动力的实质

恩格斯曾用“动力”概念来分析社会历史发展的最终原因。他指出，马克思主义哲学以前的唯物主义把精神动力视为历史发展最终原因的观点是不科学的，物质资料的生产方式变革才是推动社会历史发展的根本原因。这一观点正是唯物史观的理论内核，“要去探究那些隐藏在——自觉地或不自觉地，而且往往是不自觉地——历史人物的动机背后并且构成历史的真正的最后动力的动力”[①]。思想政治教育过程的运行动力，实质上就是作用于思想政治教育全过程，并推动它不断运行的力量。这种力量是激发、推动并维持整个思想政治教育过程持续运行的各种力量的合力。在思想政治教育过程中，它的运行动力是一个受到多种因素综合影响的、具有不同类型和不同层次的复杂动力系统。它是系统内外各方力量相互作用后达到平衡状态的一种合力。教育主体、教育客体以及教育内容、方法和载体等各个构成要素之间绝不是简单地叠加，也不是各行其是地单独发挥作用；相反，各要素间相互渗透、互相牵制并根据实际情况适时进行调适，在交织渗透的基础上发生质变，综合作用于思想政治教育过程。另外，全媒体场域是思想政治教育过程发生和运行的外部环境，也是系统内外各种力量发生作用的客观条件。多种媒介功能综合作用于思想政治教育过程，要求各项教育实践顺应互联网规律，根据新技术条件下个体的生存习惯和生活方式适时做出调整。

① 《马克思恩格斯文集》第4卷，北京：人民出版社，2009年，第304页。

3.思想政治教育过程运行动力的类型

按照认知视角的差异，我们可以把思想政治教育过程的运行动力划分为不同类型。根据动力来源的不同，可以分为元动力与驱动力；根据各种作用力产生力量的大小，可以分为主力与协力；根据各种作用力发挥作用时的出场数量，可以分为群力与寡力；根据各种作用力所产生的力量方向，可以分为推力与拉力；根据合力的大小和方向的综合差异，可以分为正合力与负合力；根据各种作用力最终产生的实际效果，可以分为抵抗力与支持力、反制力与强化力；根据各种作用力对教育目标实现的影响，可以分为向心力与离心力、凝聚力与分化力、协同力与耗散力；根据思想政治教育的实践层次，可以分为领导力与执行力；根据动力的属性的不同，可以分为物质动力与精神动力。总之，思想政治教育过程的运行动力种类繁多，共同组成了综合复杂的动力系统。

在这里，我们主要对元动力和驱动力做详细的分析和阐释。从动力来源来看，元动力是系统内部产生的力量，也是推动思想政治教育过程运行的根本动力。由于人是社会实践的主体，也是推动社会变革的根本力量，故而思想政治教育过程运行的内源性动力主要来自教育主体和教育客体。驱动力则是来自系统外部的力量，影响和制约着思想政治教育过程的运行、更替和演进。思想政治教育过程运行受到多种驱动因素影响，既包括“目标驱动力、榜样驱动力、精神驱动力、利益驱动力和竞争驱动力”[①]，又包括全媒体场域的全时空、全方位和全过程施加的外力

① 廖志诚：《思想政治教育创新动力论》，北京：社会科学文献出版社，2012年，第157页。

作用。就整体的系统运行而言，也可以把思想政治教育过程的元动力和驱动力理解为内生动力和外生动力，内外联动共同维持系统的平衡有序状态。

（二）全媒体时代思想政治教育过程的内部运行动力

思想政治教育过程的内部运行动力主要包括人的需要和利益诉求。处在新时代的历史方位以及全媒体场域中，个体的自我成长需要与现实关照诉求呈现出新的特征，倒逼思想政治教育过程不断进行调整，以适应新时代新场域下的育人新要求。

1. 人的需要是思想政治教育过程运行的动力源泉

在高新科技全面渗透的全媒体时代，思想政治教育过程的内部运行动力仍源自“人”的需要。教育主体施加的影响能否为教育客体所接受，取决于这些教育影响是否能满足教育客体的成长发展需要。人的需要“是一种动力因素，它引起德育主体的动机、志向、兴趣、情感、信念等动力系统的驱动并转化为实践行动”①。作为一种具有不断发展自我人格需求的个体，人的需要随着人的成长和发展而不断变革和调整。“人的实践改造了客体，又改造了主体自身，造成新的需要”。② 可以说，人的需要是形成思想动机的先导，没有更高级、更多元的需要，就没有思想道德素质发展的动机，也就没有思想政治教育的发生。

人的需要不是一个笼统的概念，而是具有鲜明的层次。不同层次的需要对应着不同层次的教育目标和实践要求。马斯洛将人的需要由低级向高级划分为五个层次，即生存需要、安全需要、归属与爱的需要、尊重需要以及自我实现需要。通常来说，

---

① 詹万生：《整体构建德育体系总论》，北京：教育科学出版社，2001年，第185页。

② 李连科：《价值哲学引论》，北京：商务印书馆，1999年，第96页。

越是低级层次的需要越是不可或缺，人的需要层次总是从低级向高级发展。“一切划时代体系的真正的内容都是由于产生这些体系的那个时期的需要而形成起来的。”[①]在不同历史时期，思想政治教育过程的运行动力根植于我国社会的生产力发展水平，并和该阶段社会的经济、政治和文化等发展状况密切关联。处在新时代的历史方位，思想政治教育的主要矛盾是“人们对满足多样性、多层次性的道德精神需要和思想政治教育对人的德性涵养效果不凸显之间的矛盾”[②]，尤其要重视对社会成员的精神引导，不断提升个体精神境界。

2. 利益诉求是思想政治教育过程运行的动力基础

利益是人的思想和动机形成基本内容和原生动力，一切社会成员都是在不同利益要求的作用下，选择和接受不同的道德观念和政治思想的。马克思强调：“人们为之奋斗的一切，都同他人的利益有关。”[③]个体对于自身利益的关切和追求是思想政治教育过程运行、更替和演进的内在驱动力。在现实生活中，人们的利益诉求复杂多样。合理的利益诉求能够促使个体产生积极的思想动机，激励他们向社会期望的方向发展。相比而言，不合理的利益诉求则会使个体产生消极的思想动机，甚至导致伤风败俗或是触犯法律的不良行为。思想政治教育关注的是个体的合理利益诉求，通过重视并满足人的合理利益诉求促进实现对教育对象的思想价值引领。在全媒体时代，个体的表达权和话语权显著提升。思想政治教育过程把教育对象摆到至关重要

---

① 《马克思恩格斯全集》第3卷，北京：人民出版社，1960年，第544页。

② 孙梦婵：《论新时代思想政治教育主要矛盾》，《思想政治教育研究》2019年第1期。

③ 《马克思恩格斯全集》第1卷，北京：人民出版社，2002年，第187页。

的位置。当前，教育对象的利益诉求更多的是通过互联网呈现出来。他们在网络社交平台上发布的朋友圈动态、博文、短视频、弹幕、表情包等都是表达特定利益诉求的载体，需要教育者多加关注，及时把握他们的所思所想和所需所求。

（三）全媒体时代思想政治教育过程的外部运行动力

作为人类社会实践的产物，全媒体场域是社会环境的组成部分。同时，作为社会的基础设施，全媒体场域对思想政治教育过程的影响又有其独特性。在这里，我们从社会环境和全媒体场域两个维度分别阐述思想政治教育过程的外部运行动力。

1. 社会要求和社会发展规律是思想政治教育过程运行的动力内因

社会环境是思想政治教育过程发生、运行和发展的宏观环境。在社会生活中，由于人们各自所处的立场不尽相同，他们对同一事物的认识和看法往往也迥然相异。为了维护自身利益，人们总是倾向于支持那些有利于自己的价值主张，而排斥那些损害自身利益的价值主张。在多元利益分化的情况下，需要通过一定的手段促进全体社会成员就社会整体利益达成共识，以维系社会共同体的正常运行。思想政治教育就是解决这一问题的重要方式，旨在促进社会成员达成思想共识。

一方面，思想政治教育过程的运行必须符合社会要求。在任何历史时期，思想政治教育都是一项具有社会属性的特殊实践，根据社会要求培养合格的社会成员。由此，可以把思想政治教育过程理解为一种促使社会认识转化为个体认识的活动。[①] 为了实现这一目标，教育主体需要采用特定的方式方法，将蕴含

① 杨威：《思想政治教育发生论》，北京：中国社会科学出版社，2009 年，第 143 页。

社会认识的教育内容传递给社会成员。思想政治教育不是一般的文化知识教育实践，而是一种承载着意识形态的价值性实践。它的本质是“现代社会条件下政治权力的运作过程”[①]，不能忽视对主流意识形态的灌输。当前，一些人认为意识形态性是引起教育对象反感和排斥的根源，主张“去政治化”和“去意识形态化”，用生活性和趣味性来取代意识形态性。这种观点失之偏颇，思想政治教育的本质属性就是意识形态性，倘若脱离了意识形态性的特征，思想政治教育就失去了区别于其他教育实践的特性。该观点还混淆了目的和手段的关系。生活性和趣味性不是根本目的，而是更好地实现意识形态教育的手段。教育对象之所以反感意识形态教育，恰恰是由于一些教育者脱离实际空谈理论。这启示我们，必须把意识形态教育融入教育对象的日常生活实际。

另一方面，思想政治教育过程的运行必须符合社会发展规律。作为一项特殊的交往实践，思想政治教育过程的演进势必要符合社会发展的客观规律。伴随着复杂现代化进程的深入推进和媒体融合的纵深发展，当前中国社会发展在整体上呈现出两个改变思想政治教育交往活动的新特征。第一个特征是流动性。在激烈社会变迁过程中，社会生活呈现出显著的不连续性。面对不断加快的流动和变化，“我们很难在由历史时间和社会空间搭建的人生坐标中准确找到自己的定位，界定自我核心的精神内容也被消解了”。[②] 全媒体颠覆了传统人际交往的时空在场

---

① 唐芳云:《遮蔽与解蔽:思想政治教育过程本质反思》,《学术论坛》2014 年第 6 期。

② 赵静蓉:《文化记忆与身份认同》,北京:生活·读书·新知三联书店,2015 年,第 30 页。

条件，教育主客体的关系变得流动起来。教育内容、方法和载体也处于流动状态，不存在一成不变的样板式教育内容模版。第二个特征是去中心化。全媒体促使多元信息传播主体以平等身份接入网络，使教育主客体在信息传播中处于平等地位。数字化信息传播打破了不同形态教育介体之间的彼此区隔状态，形成了集成化的信息表达和传播方式。

2. 媒体融合与全媒体场域是思想政治教育过程运行的动力枢纽

从属性上来看，全媒体场域从属于社会环境，是社会环境的有机组成部分。全媒体场域对思想政治教育过程的影响是全方位的，为了更加全面地勾勒出全媒体场域对思想政治教育过程运行的深刻影响，故而本书把全媒体场域从社会环境中分离出来单独分析。

首先，全媒体改变了教育主体和教育客体的存在模式。全媒体形态构建了多元空间、多元主体、多元文化和多元选择互相交织的新型交往模式。从人与人、人与社会的关系角度来看，以互联网为载体的全媒体促进形成了新的关系生态。移动互联网在极大地拓展了社会关系网的同时，社会连接的复杂程度也获得前所未有的提升。[①] 全媒体使得实时连接、异地连接成为最真实的社会生活场景，时空“在场”不再是阻碍教育主客体交流的限制性因素。语音和视频通话功能为加深彼此之间的了解提供了便利，微博和微信朋友圈的社交互动为加深彼此之间的了解创造了可能。互联网使社会关系中的每一个节点被充分激活，

① 陈力丹、费杨生：《关系：移动互联时代传统媒体转型的逻辑起点》，《编辑之友》2016 年第 7 期。

包括教育主客体在内的每一位用户都是能够利用媒介主动搜索信息和传播信息的能动主体。

其次，全媒体改变了教育内容、方法和载体的呈现方式。教育对象对于教育者施教的正面教育影响具有迫切关注与愿意亲近的积极意愿，是整个思想政治教育过程得以发挥作用的前提和基础。相应地，教育者关注教育内容、方法和载体的最终目的就是为了能够对教育对象产生正面的教育影响。如果教育者传递的教育内容不能吸引教育对象的注意力，那么也就谈不上对他们产生影响。互联网的社会渗透使人们对媒体产生了一定程度的依赖，“这些媒体已经成为受众延伸了的视觉神经和大脑思考的神经元，它们已经成为受众认知结构中不可缺少的一部分。”①全媒体的数字化技术使思想政治教育的内容呈现更加综合多元，文字、声音、图像、动画和虚拟环境等融合，给人们带来了丰富的视听体验。

最后，全媒体改变了思想政治教育过程的整体结构。全媒体时代，尽管信息呈指数级增长，但每个人的时间和精力有限，只能获取并阅读相对有限的信息。“我们当中没有人可以无所不知；但是我们每个人都有所知；如果我们把各自的资源集中在一起，把分散于个人的技能结合在一起，我们对于世界的了解就会更加全面。”②互联网可以快速且全面地帮助人们解决关于某一事物“是什么”的问题，而把“为什么如此”和“以后怎么办”的问题抛给了教育者。这种新的信息和知识生态对思想政治教育

---

① 金雁、李兵、郑穗平：《传媒时代：人类认知新概念》，广州：中山大学出版社，2007年，第19页。

② 亨利·詹金斯：《融合文化：新媒体和旧媒体的冲突地带》，杜永明译，北京：商务印书馆，2012年，第32页。

提出了更高要求，要求进一步拓宽教育的广度和深度。同时，大数据技术的介入也能改变思想政治教育过程的结构。“世界万物之间存在相关性，我们可以用大数据技术，通过挖掘事物间所存在的相关性来预测事物变化的趋势。”[①]在采集到足够规模的数据时，教育决策部门可以通过相关性分析生成预测机制，并据此有针对性地设立教育目标和任务，使思想政治教育过程的结构更加科学有效。

三、全媒体时代思想政治教育过程的交往逻辑

思想政治教育过程的诸要素之间存在着一种可以被掌握的交往逻辑，揭示了教育主客体的存在方式与交往模式、教育内容及其呈现形式的生成机制。

(一)思想政治教育过程的交往逻辑及其概念论析

把握思想政治教育过程的交往逻辑，重点是要把握各要素间的交往以及连接关系。在全媒体场域中，教育主客体之间、教育主客体和教育介体之间的互动具有哪些特征、表现出哪些样式、遵循哪些规则等，都是思想政治教育过程的交往逻辑要揭示的问题。

1.思想政治教育过程中构成要素的交往关系

根据各要素间的互动关系划分，可以把思想政治教育过程的互动模式划分为教育主体和教育客体交往、教育主客体和教育介体连接两种类型。

教育主客体之间的交往关系是一种生成性关系。在全员参

① 浙江省人力资源和社会保障厅、浙江省公务员局:《大数据时代政府治理创新》,杭州:浙江人民出版社,2017 年,第 18 页。

与的全媒体场域中，教育主体不再是思想政治教育过程的绝对把控者，而是教育交往活动的组织者、参与者和引导者。同时，教育客体也不再是思想政治教育过程的完全被动接受者，而是教育交往活动的积极参与者以及教育效果的直接呈现者。当一个思想政治教育过程完结以后，教育主客体开展新的交往活动，再一次生成新的交往关系，如此循环往复，促进思想政治教育过程不断更新。

教育对象与教育介体之间的连接关系是一种技术驱动型关系。全媒体时代，社会关系的生成与演进和现代高新科技存在密切关联。算法技术正在重构社会信息分发机制，“私人定制”的信息分发模式使教育内容的分众化、个性化传播成为现实。但是，算法技术不仅是一套简单的计算程序运行代码，它的代码设计和程序运行都渗透着设计者的态度和价值观。因此，相关决策机构必须重视主流算法设计，并把符合社会主义核心价值观要求的主流算法引入网络空间，促进智能算法技术更好地为提高育人效果而服务。

2. 思想政治教育过程中构成要素的交往特征

第一，教育实践的人机互动趋势日益显著。“人机互动”不是指人和机器的互动，而是指人借助于机器更好地实现和他人的交往。尽管人工智能技术突飞猛进，但是人工智能仍不能取代人在思想政治教育中的地位。人和人的交往依然是社会交往的本质。互联网作为交往的渠道和平台贯穿于人际交往过程中，而不是作为交往的对象直接取代人在交往中的本体性地位。

第二，教育主客体互动的瞬时性和多变性。全媒体加剧了教育主客体互动的不稳定性与不确定性，给思想政治教育过程的有序运行带来挑战。教育主客体之间精神交往的发生、表达、转化和协同等是个完整的过程，需要一定的实施时间保证。没有一定的实施时间作为基本的条件保障，思想政治教育过程就无法运行，也就谈不上发挥作用了。此外，全媒体创造的跨时空交往条件使教育主客体的关系变得流动起来。一个网络生存节点在一些交往情境中是接受他人影响的教育客体，而在另一些交往情境中却是对他人施加影响的教育主体。这使教育主客体的互动更加灵活，但也加剧了思想政治教育过程的风险和不确定性。

第三，教育对象与教育内容连接的非线性。全媒体在整体上改变了思想政治教育过程的互动结构，使得思想政治教育过程的信息传播结构由线性互动结构转变为非线性互动结构。网络信息传播是一种去中心化的传播结构，具有一点对一点、一点对多点、多点对一点、多点对多点等多种形式。网络信息传播也不涉及传递范围限制的问题，因为它的覆盖面是广无边际的。[①]网络关系链中的每个节点都可以是信息传播的主体，催生了新的意见领袖群体，对社会舆论产生影响。全媒体还是一种集成性的立体传播方式，它集聚了文字、图标、数据、声音、影像等多种媒介形式于一体，改变了以往思想政治教育单纯地以文字或图片等平面媒介传递教育内容的线性传播方式，提升了思想政治教育过程的生动性和吸引力。

（二）全媒体时代教育主体和教育客体的交往样式

在思想政治教育过程中，教育主体和教育客体之间形成了独特的语言样式、行为样式和关系样式，需要结合全媒体时代的社会文化意义进行深刻的理解和把握。

---

① 张海鹰、滕谦：《网络传播概论》，上海：复旦大学出版社，2001 年，第 4 页。

1. 语言样式：流行语、表情包等符号语言是能指和所指的统一

列宁指出，“语言是人类最重要的交际手段”①，表达出对于语言对交往重要性的认识。索绪尔将“语言”视为符号学的重要研究对象，认为应结合社会情境理解语言所表达的意义。“语言的问题主要是符号学的问题，我们的全部论证都从这一重要的事实获得意义。”②索绪尔认为，语言符号是“能指”和“所指”的统一。能指是具有物质形式且被用来指代事物的字、词、句；所指则是语言指向的意义，能够引发使用者对某种意义的联想。在社会生活中，个体使用的语言、手势、姿态和表情等符号语言都是在社会文化的规制下产生的。在同一个文化圈群中，人们之所以能够彼此开展交往互动，是因为他们对圈群成员使用的符号有着共同的了解。流行语、表情包、短视频等都是全媒体场域中常见的交往符号中介，承载着特定的社会文化意涵。流行语、表情包、短视频等都蕴含着一定的社会文化意义，如果不对此展开深入研究，就无法洞察社会成员交往互动时的社会文化心理。

2. 行为样式：媒介选择、媒介呈现和媒介理解越来越受到技术牵制

行为样式是教育主客体互动时呈现出来的行为特征。按照教育主客体使用媒介的过程划分，主要包括媒介选择、媒介呈现和媒介理解三种行为样式。

首先，媒介选择行为样式。教育对象愈发看重教育内容的实用性和趣味性。与信息来源于何处相比，他们更加关心内容

① 《列宁选集》第 2 卷，北京：人民出版社，1995 年，第 370 页。

② 费尔迪南·索绪尔：《普通语言学教程》，高名凯译，北京：商务印书馆，1980 年，第 37 页。

本身，内容的易获取性和实用性在媒介使用场景中尤为重要。在思想政治教育过程中，各类承载着特定价值观的教育内容的呈现必须适应教育对象的可视化信息接收喜好，以数据、图表、表情包、短视频等全新的面貌出现在社会生活中。

其次，媒介呈现行为样式。多元主体共同参与教育内容的发送、传播和接收，成为制作、挪用、选择、分享和推介教育内容的原创力量。碎片化、快餐式的信息阅读习惯改变了原先以文字为主的内容呈现风格，一些有价值的深度内容需要教育主体的二次或多次解读才能为教育客体所理解和吸收。新媒体传播的信息既呈现了事实，又裹挟着态度和价值观。个体在网络社交平台中呈现出来的信息很有可能是经过别有用心的加工、编码或者美化之后的内容，一些敏感的价值观更加隐蔽地藏在信息内容中。为了牢牢把握全媒体场域中意识形态工作的主动权和主导权，思想政治教育工作者必须有意识地甄别与肃清这些复杂信息。

最后，媒介理解行为样式。随着数字智能时代的到来，教育对象掌握着多样化的信息生产、传播和获取渠道，数字鸿沟的接入沟逐渐缩小。但是，由于个体在媒介使用状况方面存在差异，数字鸿沟的使用沟日益扩大。对于那些文化水平和媒介素养不高的教育对象而言，全媒体的媒介性要远远少于其娱乐性。互联网不仅没有缩短“知沟”，反而进一步加剧了知识分布不均和社会阶层分化。此外，社会化、智能化媒介对用户媒介使用的心理认知造成冲击，大数据思维方法改变了个体理解事物的逻辑，人们开始注意到因果关系之外的更多其他相关关系。大数据为思想政治教育精准化提供了崭新视角与实施条件，通过大数据的相关关系分析可以更准确快速地预测教育主客体的思想和行为变化。

3. 关系样式：前喻、并喻和后喻共存，“文化反授”现象更加突出

对于人际交往中的代际关系，社会学界有三种观点。一是“前喻”。晚辈以长辈为楷模，学习他们的生活方式和经验智慧。二是“并喻”。社会成员以他们的同龄人为参照物，学习同龄人的生活方式和经验智慧。三是“后喻”。这是一种文化反哺、文化反授的反向社会化模式，强调长辈向晚辈学习知识和技能。在全媒体场域中，思想政治教育遵循着前喻、并喻和后喻共存的交往样式，并且“文化反授”的现象更加突出。在现代化信息技术的推动下，知识更新换代的速度和规模前所未有。进入全媒体时代，互联网深刻改变了社会生活。年长的教育者也要主动向年轻的教育者和青少年学生学习，不断接受后辈的文化反哺，自觉地学习新知识和新技能，结合全媒体时代的信息传播特征及时改进教育手段与教育方法，才能不断适应日渐更新的生活方式与思想政治教育的媒介化发展形势。

（三）全媒体时代教育对象与教育介体的连接机制

在全媒体场域中，算法在教育内容的选择与传播过程中具有至关重要的作用。算法能够在很大程度上决定究竟哪些内容能够到达教育对象，某一教育对象群体究竟能接触到何种类型的教育内容，以及教育对象接触某一类型教育内容的频次。把握算法所具有的不同推荐类型，并以此为载体审视全媒体时代教育介体与教育对象的连接机制，是深入推进思想政治教育过程媒介化转型的必要步骤。

1. 基于“内容特质”推荐的连接机制

基于内容的推荐算法是大数据算法推荐最常用的类型，主要逻辑是根据教育对象的群体特征和网络行为数据判断其内容

接收偏好，从而有针对性地向他们推送符合个人偏好的内容信息。对于内容本身而言，基于大数据的人工智能利用分词技术计算内容的文本特征，分析得出某个内容的文化属性和结构特征，并据此有效地匹配内容和教育对象，选取二者之间相关度高的内容形成推荐列表。这种基于内容推荐的交往规则能够在较短的时间内为教育对象筛选出符合他们需求的内容信息，此外，对同一类内容信息的关注也有利于增强社群的内部凝聚力。但是，无视个人特性而一味贴标签的做法是不科学的，很有可能错过教育对象的真实信息需求。算法推荐的信息内容还有一个明显的弊端，就是信息内容输出的完全同质化。长期接受某类信息，很有可能会造成教育对象的信息审美疲劳，并引起他们对此类信息的反感和排斥。在全媒体场域中，算法应该确立一种灵活的推荐机制，结合教育内容的类型、形式和特征等因素，既要关注教育内容和教育对象的有效匹配问题，又要注意防范出现内容同质而造成的信息审美疲劳现象。

2.基于“用户协同过滤”推荐的连接机制

基于用户协同过滤的推荐算法遵循着特定的逻辑，它把“物以类聚，人以群分”的思想作为算法运作的指导思想，认为个体很有可能会喜欢那些与自己偏好相似的人所喜欢的事物。在这一假设前提下，算法将网络空间中的单独个体放置于他们所在的群体中进行考察，并向他们推送整个群体中共享度较高的内容信息。这种基于用户协同过滤推荐的连接机制改变了教育对象划分的计算单位，将原先考虑单独教育对象的教育内容匹配方式重新调整为具有一定规模的教育对象群体，从而有效减少了相同以及类似教育内容的重复化处理，大大提高了教育内容的传播效率。

尽管如此，这种基于“用户协同过滤”推荐的连接机制也存在着明显的伦理困境。基于职业、身份等特征将教育对象划分为不同的群体，并有区别地推送不同的内容信息，具有潜在的算法歧视。倘若被别有用心者利用，很有可能会加深社会鸿沟，强化社会偏见，激化社会矛盾。同时，人为地对教育对象接收的信息进行有目的的采集和干预，很有可能会曝光教育对象原本希望被保密的信息，进而触犯他们的个人隐私。实质上，基于教育对象偏好的协同过滤推荐规则采取的是一种“我认为你想要的”推荐思路，而根据这种思路向他们推荐的信息往往不是他们内心真正想要的，因为谁也无法代替别人做决策。为此，在全媒体时代的思想政治教育过程中，相关决策者与引导者在使用基于用户协同过滤的推荐规则时，必须重视考虑个人的实际需要，不能用群体偏好完全代替个人偏好。

3. 基于“关联规则”推荐的连接机制

基于关联规则的推荐算法主要遵循大数据对事物相关性的发掘能力，根据关联规则寻找事物之间的相关性，并根据事物之间的相关性预测下一步行动。这种交往规则最早被广泛应用于零售行业，在很多时候，购买某些商品的消费者往往还会购买其他商品，比如购买圆珠笔的用户中有很多人还会再接着购买笔记本。通过对销售数据库的分析，供销商可以得知购买商品 A 的消费者中有多少人还购买了商品 B，比例的数值越大表明 A、B 两种商品的相关性越高。据此，供销商通常会把 A、B 两种商品摆放在一起，以增加商品的总体销售量。供销商通过对销售数据库的挖掘，能够找出不同物品在销售或使用等过程中的相关性，并根据相关性有计划地选择商品的摆放位置，在同等条件下此举能比随机售卖提高销量。

在思想政治教育过程中，相关决策者与引导者倘若也能根据关联规则挖掘出不同教育内容之间的相关性，并有目的、有计划、有选择地进行内容设计和调整，将具有内在关联度与相关性的教育内容有机整合在一起，打造教育内容的深度阅读平台，为教育对象提供丰富的优质信息资源。当前，国内许多知名高等学府的官方网页下方都设置了一些友情链接，通过点击这些链接，用户可以很快进入其他兄弟高校的网页界面，并进一步进行信息的阅读与获取。与这一做法相似，许多学术门户网站也专门开设了友情链接渠道，这些链接渠道不仅包括其他与自己性质相近的学术门户网站，还包括围绕某一具体的主题的文本链接，便于用户进一步获取相关学术资源。思想政治教育也可以借鉴这一做法，将不同主题的教育资源分类集中排放，或者为教育对象提供便于进一步深度阅读的优质内容资源链接。通过算法的关联规则推荐，把教育对象感兴趣的主题教育资源间接推送给他们，在潜移默化中提升思想政治教育在全社会范围内的价值引领效果。

第四章　全媒体时代思想政治教育过程的矛盾

矛盾是事物发展过程中存在的一种张力，并且这种张力能在根本上推动事物不断向前运动、发展和更替。本章在阐述了基本矛盾和具体矛盾的概念之后，依次立足于第二章"全媒体时代思想政治教育过程的要素、结构与功能"与第三章"全媒体时代思想政治教育过程的运作机理与基本态势"详细梳理和归纳总结了全媒体场域中思想政治教育过程的矛盾。在全媒体时代，思想政治教育过程中存在着多种矛盾，它们彼此之间相互依存，推进思想政治教育过程向前更替。全媒体时代思想政治教育过程的基本矛盾是：网上网下同心圆建构的预期目标与社会成员的实际思想政治品德水平之间的矛盾。这一基本矛盾通过一系列具体矛盾表现出来。可以从思想政治教育过程的构成要素变化所造成的矛盾，以及思想政治教育过程的运行环境张力所造成的矛盾这两个方面把握它的具体矛盾。

一、辩证唯物主义视域下思想政治教育过程的矛盾

矛盾的观点是马克思主义哲学的重要观点，也是唯物辩证法的实质和核心。用矛盾的观点作为理论工具剖析全媒体时代思想政治教育过程，有利于揭示各要素间以及它们与全媒体场

域的相互作用关系，进一步把握全媒体场域中思想政治教育过程的运行规律。

（一）全媒体时代思想政治教育过程矛盾的概念

1. 全媒体时代思想政治教育过程的矛盾内涵

社会生活中所存在的多样化矛盾是推动人类历史向前发展的重要力量。“历史是这样创造的，最终的结果总是从许多单个的意志的相互冲突中产生出来。”[①]离开了矛盾，事物的运动和变化将要终结，事物的发展和革新也就无法持续有序地进行下去。矛盾具有同一性和斗争性，二者相互对立且相互统一，揭示了事物运动、变化和发展的根源。“世界上一切事物都有两面”[②]，辩证法的研究内容是“对立面怎样才能同一，是怎样同一的——在什么条件下它们是相互转化而同一的”[③]。矛盾双方相互依存、相辅相成，缺了其中一方，另一方也不复存在。在认识事物并且揭示其矛盾时，要做到在同一中把握对立，在对立中把握同一。

思想政治教育过程是个由诸多矛盾构成的复杂矛盾系统。在这个相对独立但又错综复杂的矛盾系统中，各个矛盾之间的地位和作用存在显著差异。其中，主要矛盾处于支配地位，能够对事物发展起到直接的决定性作用。次要矛盾处于从属地位，能够对事物发展起到间接的辅助作用。在每一个矛盾的矛盾双方中，处于支配地位并起主导作用的一方，就是矛盾的主要方面。主次矛盾关注的则是多个矛盾之间的不平衡问题，揭示了思想政治教育运行过程中同时存在着的诸多矛盾之间的相互关

---

① 《马克思恩格斯选集》第 4 卷，北京：人民出版社，1995 年，第 697 页。

② 《列宁全集》第 6 卷，北京：人民出版社，1986 年，第 305 页。

③ 《列宁专题文集：论辩证唯物主义和历史唯物主义》，北京：人民出版社，2009 年，第 132 页。

系;而矛盾的主次方面解决的是矛盾的两个方面之间的不平衡问题,揭示了思想政治教育过程中任何一个矛盾的两个方面之间的关系。

基本矛盾是指贯穿于思想政治教育全过程,规定思想政治教育的本质,决定着整个思想政治教育过程的发展走向,并对其他所有矛盾的发展具有制约作用的本源性、基础性矛盾。主要矛盾则是在思想政治教育过程发展的某一阶段或某一环节中,决定思想政治教育过程的运行方向和具体状态,规定或影响该阶段或该环节中其他矛盾的存在,并对其他矛盾的发展具有引导作用的重要性、决定性矛盾。二者地位与作用的差异主要体现在"基本矛盾在全程均处于基础性地位,起着长期的、根源性的制约作用",而"主要矛盾在特定过程、特定阶段处于主导地位、发挥阶段性的决定作用"[①]。基本矛盾决定着主要矛盾的发展方向和现实状态,主要矛盾则是基本矛盾在特定阶段和特定环节的体现,二者是决定和被决定的关系。基本矛盾决定着思想政治教育的本质,不会轻易改变。相反,主要矛盾总是随着思想政治教育过程的更替而不断变化。

2. 全媒体时代思想政治教育过程的矛盾结构

矛盾总是处于某种结构中的矛盾,没有任何一种矛盾能够脱离结构而单独存在。"由于结构具有内部占有的全覆盖性,因而使它成为矛盾存在的直接的现实的基础,而矛盾作为结构中的存在则成为要素间的辩证关系。"[②]根据"要素—结构—系统"的分析逻辑,思想政治教育过程的结构揭示了不同要素之间的

---

① 匡宁、王习胜:《思想政治教育基本矛盾与主要矛盾的差异和关联》,《思想理论教育》2019 年第 8 期。

② 范为启:《论事物内部的矛盾结构系统》,《临沂大学学报》2018 年第 3 期。

相互作用关系。在不同构成要素排列组合所出现的全部情况中，教育主客体之间的关系是最基本的一对关系。归根结底，矛盾就是关系。无论两个构成要素之间是对立还是同一，实质都是它们之间存在的某种关系。

在全媒体场域中，思想政治教育过程是一个有其内在运行规律的完整系统。一方面，思想政治教育过程本身是个独立的系统。在这个意义上，可以把思想政治教育过程内部的矛盾放置于思想政治教育过程的整个系统中来考量。另一方面，思想政治教育过程所处的外部环境亦是一个完整且有其内在规律的独立系统，相应地，思想政治教育过程与外部环境系统之间的矛盾，也是一种处于结构中的矛盾。

3.全媒体时代思想政治教育过程的矛盾特征

第一，矛盾产生的瞬时性和规模性。互联网的技术变革加速了思想政治教育过程矛盾的产生和变化，使矛盾的产生呈现出明显的瞬时性和规模性特征。一方面，矛盾产生的速度快，具有瞬时性。教育主体根据社会要求向教育客体澄清了一个思想误区或舆论争议，但是教育客体又从互联网中接触到了新的思想认识或社会舆论，需要教育主体不断地更近社会现实，及时澄清相关认识误区。另一方面，矛盾产生的规模广，具有规模性。即使人们不在同一个线下场域中，但他们能够集结在网络中并进行交往活动。这种集聚的规模优势是线下交往不可比拟的，进一步加剧了思想观念的冲突和价值观的碰撞。这些冲突和碰撞一旦通过互联网迅速广泛地传播开来，势必会对社会共同体的和谐产生冲击。

第二，矛盾演进的复杂性和激烈性。互联网的信息量大，传播的速度快、范围广，成为众多网民获取信息和交流观点的新场域、各种社会思潮和利益诉求的集散地、意识形态斗争的主战场。互联网已成为意识形态斗争的主阵地,"宣传思想工作的主阵地转移到了互联网上"[①]。一些敌对势力乘虚而入,在网络空间发动没有硝烟的意识形态战争,利用社交媒体捏造虚假言论,制造思想混乱,煽动负面情绪,破坏社会稳定,意图危害国家安全并颠覆国家政权。全媒体场域中的舆论生态更加复杂,思想政治教育过程的矛盾演进也更加激烈。

第三,矛盾结束的渐进性和同步性。一方面,每个矛盾都有其完整的运行过程。从人的思想转变的过程来看,教育者不断对教育对象施加影响,使教育对象的思想状态从相对无序的状态飞跃到相对有序的状态。教育者在向教育对象传递了承载着社会要求的思想观念、政治观点和道德规范之后,教育对象的精神世界往往要经历复杂的矛盾和斗争,沿着"知、情、意、信、行"的发展轨迹,由低级向高级、由认知向实践不断发展。另一方面,在思想政治教育过程中的同一阶段同一环节,主要矛盾和由它所决定的次要矛盾相互依存,当主要矛盾结束之后,由它所决定的次要矛盾也随之结束。思想政治教育过程就是在一个又一个矛盾更替的过程中持续演进,在一个又一个矛盾解决的过程中不断向前发展。

(二)全媒体时代思想政治教育过程的基本矛盾

1. 何为全媒体时代思想政治教育过程的基本矛盾

基本矛盾贯穿于思想政治教育过程始终,规定了全媒体时代思想政治教育的本质。在全媒体场域中,多种矛盾相互作用,是思想政治教育过程持续发展的内在源泉。在这一系列矛盾

---

① 张丽波:《媒体融合的"势"与"能"》,《红旗文稿》2019 年第 6 期。

中，有一对矛盾贯穿于思想政治教育运动、变化和发展的全过程，并且规定其他矛盾的存在，决定其他矛盾的发展走向，这即是全媒体时代思想政治教育过程的基本矛盾。

全媒体时代思想政治教育过程的基本矛盾是网上网下同心圆建构的预期目标与社会成员思想政治品德的现有水平之间的矛盾。其中，网上网下同心圆建构的预期目标是思想政治教育本体性主体——社会的发展期望，而社会成员思想政治品德的现有水平则是思想政治教育的对象——人的思想现状。前者是一种应然状态，内含思想政治教育的目标，为思想政治教育过程的运行指明方向。后者则是一种实然状态，体现了全媒体场域中社会成员思想政治品德素质的实际水平。全媒体时代思想政治教育过程的基本矛盾体现了"应然状态"与"实然状态"间的差距。"应然状态"不断引领思想政治教育过程的发展方向，使"实然状态"朝着"应然状态"不断发展。

一方面，网上网下同心圆建构的预期目标是社会所要求的思想政治品德规范在全媒体实践场域中的表现。全媒体时代，人们的线上线下生活世界相互交织，形成了崭新的生活世界。尽管思想政治教育的根本目标没变，仍是促进人的全面发展和社会全面进步，但它的存在场域变成线上线下两个空间，要从全媒体传播视角扩大主流意识形态的影响力版图，使全媒体的传播优势为思想政治教育所用。建构网上网下同心圆不是简单的场域融合，而是两个场域中教育实践的有机融合。借助全媒体的传播势能，更快更广更好地传播主流意识形态，实现线上线下生活世界中社会成员的理想信念、道德观念以及价值理念的有机整合。

另一方面，研究社会成员所具备的思想政治品德素质的现有水平，就要关注教育客体的思想政治品德水平。在全员参与状态下，人们在信息传播中的身份瞬息万变，一个人可以同时担任不同角色。全媒体时代，一些非专职背景的个人和组织在社交互动中也在对社会成员起到积极的思想引领作用。教育主客体之间的界限不再清晰，必须从更广泛的社会影响角度关注社会成员的思想政治道德水平。那些思想政治品德水平相对较低的人就是教育客体，也是思想政治教育过程重点关注的转化对象。

2. 全媒体时代思想政治教育过程基本矛盾的地位和作用

基本矛盾贯穿全媒体时代的思想政治教育全过程，是推动思想政治教育过程不断向前更替与演进的根本动力。在全媒体场域中，基本矛盾在思想政治教育全过程中起着支配作用，规定着其他矛盾的存在，决定着其他矛盾的发展方向。

第一，基本矛盾贯穿于全媒体时代思想政治教育运动、变化和发展全过程。从全媒体视域探究思想政治教育过程的教育目标，以建构线上线下融合社会的意识形态整合目标来衡量社会成员的思想政治道德水平，是为了缩小并消除网上网下同心圆建构的预期目标与社会成员思想政治品德的现有水平之间的矛盾。“一切过程都有始有终，一切过程都转化为它们的对立物。”[①]这种矛盾的转化不仅体现了社会和个体的发展要求，也体现了思想政治教育的功能处于持续更新状态。随着矛盾的不断产生与解决，思想政治教育过程持续运行，线上线下生活世界以及生活在其中的个体都逐渐过渡到更加高级的状态。

第二，基本矛盾规定着全媒体时代思想政治教育过程中其

① 《毛泽东选集》第1卷，北京：人民出版社，1991年，第332页。

他矛盾的存在与发展。在全媒体场域中，网上网下同心圆建构的预期目标与社会成员实际所具备的思想政治品德素质之间的矛盾，是思想政治教育过程中一切矛盾产生的根源，决定并影响着思想政治教育过程的功能、特征、性质等全部方面。在从属关系方面，思想政治教育过程诸要素的不同排列组合所形成各类矛盾，例如教育主客体之间的矛盾、教育主体与社会要求之间的矛盾、教育主体与全媒体环境之间的矛盾、教育介体与全媒体环境之间的矛盾、社会要求与全媒体环境之间的矛盾、全媒体技术与思想政治教育过程结构之间的矛盾等，都从属于这一基本矛盾，并服务于这一基本矛盾的解决。

第三，基本矛盾是推动全媒体时代思想政治教育过程更替与演进的根本动力。“没有矛盾就没有创新，矛盾是创新存在必要前提。”[①]在思想政治教育过程运行的各阶段各环节，存在着多重错综复杂的矛盾，这些矛盾对于整个思想政治教育过程的发生、演进和转化等起着不同的作用。尽管如此，只有网上网下同心圆建构的预期目标和社会成员实际所具备的思想政治品德素质之间的矛盾，才对全媒体场域中的思想政治教育全过程起决定性作用。正因为存在这一基本矛盾，思想政治教育过程更加强调线上线下联动，推动形成育人合力，不断拓展思想政治教育在线上线下生活世界中的作用力。

3. 全媒体时代思想政治教育过程基本矛盾的主要表现

在全媒体时代，网上网下同心圆建构的预期目标与社会成员思想政治品德的现有水平之间的矛盾主要表现为以下几种情况：

第一，社会成员的思想政治品德水平发挥不充分，不能充分

① 毛良升:《哲学视域中的创新研究》,长沙:湖南人民出版社,2014 年,第 149 页。

满足网上网下同心圆建构的目标。当前,思想政治教育工作队伍有着提高教育实效的思想认识,但受限于自身的思想理论水平,导致不能完全深入透彻地向教育对象解释清楚思想理论的内在意蕴,或是不能灵活地使用新兴媒体向教育对象传递思想政治理论以及澄清思想认识误区,出现了网上网下同心圆建构的预期目标与社会成员思想政治品德的现有水平之间的矛盾。

第二,社会成员线上线下生活需要之间存在冲突,使他们对网上网下社会生活的建构背道而驰。很多人仍没有转变关于互联网是辅助工具的传统思维,过度放大了互联网的消费功能和娱乐功能,忽视了互联网的教育功能。互联网将线上线下社会生活紧密对接,使现实生活成为一种网络化的生活。倘若社会成员把互联网和社会生活割裂开来,用两种完全不同的标准衡量线上和线下生活,则很容易出现线上线下思想认识、道德评价标准以及行为实践不相一致的分裂现象,导致网上网下社会生活的建构背道而驰。

第三,网上网下同心圆建构的预期目标过高,超出了社会成员思想政治品德水平的发展上限。长远来看,网上网下同心圆建构符合社会和个体全面发展的根本诉求,在发展方向上没有任何争议。在具体实践中,如果这一发展目标的实践要求被设定得过高,社会成员再怎么努力也无法达到这一实践目标的要求,就会失去对网上网下同心圆建构的信心和耐心。全媒体场域中,思想政治教育过程的顺利开展与有效实施不仅要考虑到客观的思想政治教育规律,还要考虑到互联网规律对思想政治教育过程的深刻影响。倘若忽视互联网规律,不切实际地强行进行灌输,不仅无法取得预期教育目标,还会损害思想政治教育的亲和力。

(三)全媒体时代思想政治教育过程的具体矛盾

思想政治教育过程的具体矛盾与基本矛盾密切关联,受到基本矛盾的限定和制约。尽管具体矛盾是围绕着基本矛盾而展开的一系列矛盾,但是仍然有其独特的内涵和外延、地位和作用,并且具有和基本矛盾不相一致的表现形式。

1. 何为全媒体时代思想政治教育过程的具体矛盾

在全媒体场域中,思想政治教育过程的具体矛盾是指围绕着基本矛盾而展开的一系列矛盾,是思想政治教育过程的基本矛盾在不同方面的多维度呈现。基本矛盾以外的全部其他矛盾,都是思想政治教育过程的非基本矛盾,也就是具体矛盾。

从思想政治教育过程的内部和外部环境来看,教育主体、教育客体以及教育介体等构成要素之间的矛盾,属于思想政治教育过程的内部矛盾,而整个思想政治教育过程系统与全媒体场域之间的矛盾,则属于思想政治教育过程的外部矛盾。内部矛盾是推动思想政治教育过程发展的内因,而外部矛盾则是推动思想政治教育过程发展的外因。内因规定着思想政治教育过程的内在本质,并指导着思想政治教育过程的发展方向。外因是引起内因变化的条件,通过强化或弱化内因的某些方面、某些因素,影响思想政治教育过程的更替进程。

全媒体时代思想政治教育过程的基本矛盾通过一系列具体矛盾表现出来。有些矛盾看似一直存在,比如教育主体与教育客体之间的矛盾、教育主体与教育介体之间的矛盾、教育客体与教育介体之间的矛盾等。在全媒体的作用和影响下,这些构成要素本身全部都发生了变化,从而使得它们相互之间的关系也出现了变化。因此,这些矛盾尽管表述上没有变化,但内涵上发生了显著变化,需要结合全媒体场域中构成要素的新特质加以阐释。

2. 全媒体时代思想政治教育过程具体矛盾的地位和作用

思想政治教育过程的具体矛盾总是从属于基本矛盾，可以从与基本矛盾相对应的角度来理解思想政治教育过程具体矛盾的地位和作用。第一，具体矛盾是基本矛盾在特定阶段特定环节的具体体现。思想政治教育过程的具体矛盾总是处于不断产生、不断解决的持续更新状态，推动整个思想政治教育过程系统不断向更加高级的阶段过渡。第二，具体矛盾的存在和发展由基本矛盾所决定，受到基本矛盾的影响和制约。第三，具体矛盾是推动思想政治教育过程不断向前更替与演进的重要动力。相较于基本矛盾，具体矛盾的内在张力对于思想政治教育过程的推动作用则相对有限。尽管这种作用力比基本矛盾所能发挥的作用小得多，但是仍会对思想政治教育过程的运行产生重要影响。事实上，思想政治教育过程的内部总是存在着各种各样的具体矛盾。一个具体矛盾的内在张力所能发挥的作用可能有限，但是当这些多样化的具体矛盾共同发挥作用并产生作用合力时，就能产生不可低估的推动力量。

3. 全媒体时代思想政治教育过程具体矛盾的主要表现

全媒体时代思想政治教育过程的具体矛盾，可以从两个方面把握：思想政治教育过程内部诸要素之间的矛盾，以及思想政治教育过程与外部的社会要求、全媒体场域之间的矛盾。根据各种情况的排列组合，本书尝试列出了所有可能出现的十种情况（见图 4-1）。它们都是思想政治教育过程中客观存在的具体矛盾。如图 4-1 所示，教育主体、教育客体以及教育介体，是构成思想政治教育过程的三个基本要素。在上述三个要素中，教育介体主要包括教育内容、教育方法和教育载体。社会要求和全媒体场域代表着社会环境对思想政治教育过程的影响和制约。

将上述五种因素排列组合，采用组合法划分，一共会出现十种情况。在教育主体维度，教育主体分别与教育客体、教育介体、社会要求以及全媒体场域之间存在着矛盾关系。在教育客体维度，教育客体分别与教育介体、社会要求以及全媒体场域之间存在着矛盾关系。在教育介体维度，教育介体分别与社会要求、全媒体场域之间存在着矛盾关系。接下来，本章将从这十个方面依次对全媒体时代思想政治教育过程的具体矛盾展开论证。

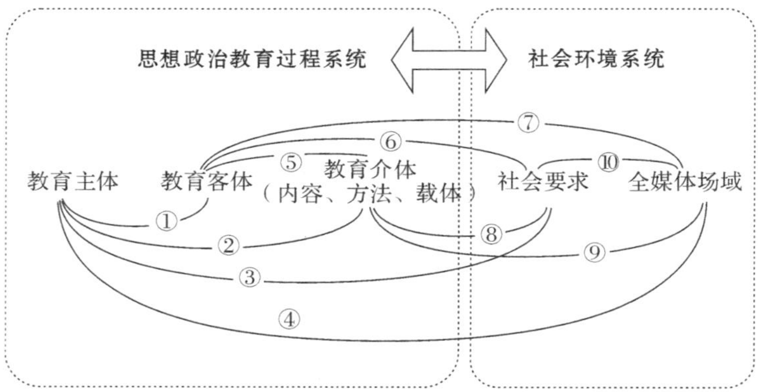

图 4-1　构成要素新变化与外部环境之间矛盾的排列组合

二、全媒体时代思想政治教育过程的构成要素变化造成的矛盾

（一）教育主体维度的多重矛盾关系及其主要表现

将教育主体作为分析全媒体时代思想政治教育过程矛盾的轴线，主要存在着四对矛盾，对应着图 4-1 中的第一至第四种情况。

1.教育主体与教育客体之间的矛盾

在全员参与的全媒体场域中，教育主客体都是具有主体性的能动个体。在哲学意义上，教育主体和教育客体本身就是两个相对的概念，二者之间相互依存，一方依赖另一方而存在。在教育主客体的矛盾中，施教主体是矛盾的主要方面，也是解决这一矛盾的主导者和责任方。在全媒体场域的技术赋权趋势下，受教主体也成为矛盾的主要方面，他们能够结合自身的个体性发展需要，形成解决这一矛盾的内部驱动力，从而推进矛盾的解决。

第一，教育主体与教育客体之间的矛盾成因。首先，教育主体和教育客体所处地位不同。教育主客体是"教"与"被教"的关系，教育客体是被塑造的对象，需要教育主体的指导和帮助。二者在教育地位上存在差异，可能会引发矛盾。其次，教育主体和教育客体所力图实现的目标不同。施教主体需要根据社会要求设定教育目标，并根据教育目标确定实践要求，而受教客体则往往从自身需要出发接受施教主体的影响，可能会出现教育主体所体现的社会要求与教育客体的自身需要不一致的情况。最后，教育主体和教育客体所具备的素质和能力不同。教育主客体在人生经历、知识储备、道德修养、心理素质等方面都有差异，会造成双方在思想观念、价值取向、思维方式和行为模式等方面的不一致。

第二，教育主体与教育客体之间的矛盾表现。一方面，教育主体和教育客体之间存在不信任感。一些教育主体当面一套背后一套，导致教育客体排斥教育主体所传递的价值理念。一些教育主体不相信教育客体具有能够自主认识的能动性，也不相信他们具有能够妥善解决问题的能力。这种不信任态度造成了他们的对立，加剧了对话鸿沟。另一方面，教育主体的教育活动与教育客体的实际需要不相匹配。全媒体改变了人们的信息接收习惯，相比于信息是什么，人们更加关注为什么会是这样以及该如何应对。倘若施教主体制定的教育方案以及选择的教育内容、教育方法等与教育客体的实际需要不匹配，就会出现矛盾。

2. 教育主体与教育介体之间的矛盾

施教主体是教育内容、方法和载体的选择者和使用者。他们的素质能力在一定程度上会影响到教育介体的使用。媒体融合进程使教育内容、方法和载体发生重大变革，使教育主体产生“本领恐慌”，造成二者关系的紧张。

第一，教育主体与教育介体之间的矛盾成因。一方面，教育主体对教育内容的阐释受到其自身素质能力的影响。“社会认识往往是深刻把握社会发展方向的少数理论家对个体认识加以总结、提升而形成的。”[①]教育主体就是从事思想理论研究的人，通过总结提炼人民群众的经验，将其上升到思想理论高度。一些理论素养不高的教育者不能满足教育者的理论学习要求。另一方面，教育主体需要经过一定时间才能适应全媒体时代的教育介体。在全息渗透格局下，教育内容的呈现方式、教育方法的表现方式、教育载体的运行方式等发生变革，要求教育主体尽快适应这些变化，及时调整对教育介体的选用。

第二，教育主体与教育介体之间的矛盾表现。一方面，教育主体自身的素质和能力有限，无法合理编排教育内容、科学使用教学方法。如果教育主体自身的理论素养不高，就不能很好地吸收思想理论，也就无法给教育客体讲清楚、讲透彻思想理论所

① 闵绪国：《思想政治教育价值论》，北京：人民出版社，2017 年，第 53-54 页。

蕴含的深刻意涵。有的教育主体理论素养突出，对于思想理论的研究具有深厚造诣。但是，他的教学能力一般，说出来的话往往是教育客体听不懂或者不想听的。这涉及话语转换问题，学术研究和宣传教学是两种完全不同的话语体系，具有不同的话语表达要求。另一方面，教育主体的思维方式不能尽快适应全媒体所塑造的教育介体新形式。一些教育主体还未充分认识到全媒体对教育介体的重构，丝毫不变地沿用以往的教育介体，导致教育效果不理想。

3. 教育主体与社会要求之间的矛盾

教育主体首先要将社会要求内化，并利用他们自身的理论素养将社会要求传递给教育对象。教育主体只有将社会要求吸收好、传递好，才能代表社会要求。一方面，教育主体并不是天然地就具备思想理论素质。教育主体在教育他人之前，首先要接受教育，并且这种教育并非一劳永逸的。随着时代不断发展和社会持续进步，思想政治教育的具体目标和教育内容也在不断更新，要求教育主体必须不断学习、理解和领会最新的社会要求。另一方面，教育主体自身对于社会要求的认同偏好也会影响到最终的教育效果。有的教育主体仅是出于岗位要求开展思想政治教育活动，对社会要求的认同度较低。还有的教育主体本身就不认同社会要求，并大肆宣扬和社会要求相悖的观点，给思想政治教育带来危害。

4. 教育主体与全媒体场域之间的矛盾

教育主体与全媒体场域之间的矛盾就是二者之间相互作用、相互制约的对立统一关系。线上线下融合统一的教育目标以及全媒体场域对教育主体的重塑，都造成了二者关系的紧张。一方面，教育主体不擅长在全媒体场域中开展思想政治教育实践。全媒体场域是一个现代信息革命成果综合渗透的场域，要求教育主体具备较高的媒介素养。若是他们的媒介素养不高，就会影响教育效果。另一方面，全媒体场域使教育主体成为网络关系链中的一个节点，削弱了教育主体的主导地位，加大了思想引领的难度。

（二）教育客体维度的多重矛盾关系及其主要表现

教育客体是思想政治教育活动的接收者和承担者。将教育客体作为分析全媒体时代思想政治教育过程矛盾的轴线，主要存在着三对矛盾，对应着图4－1中的第五种至第七种情况。

1.教育客体与教育介体之间的矛盾

教育客体与教育介体之间的矛盾，就是教育客体与教育内容、方法和载体之间的相互作用关系。首先，教育内容不符合教育客体的实际需要。在全媒体场域中，短视频、表情包、动漫等都成为新的内容呈现形式，而一些教育者不擅长使用这些新的内容表达方式。其次，教育方法不符合教育客体需要。算法根据个体信息需求推送信息，实现了教育内容的分众化、个性化传播。同时，算法所营造的“信息茧房”很容易把人们束缚在同质化信息中。最后，教育载体不符合教育客体的实际需要。由于个体思维方式的差异，一些接受能力较弱的教育客体会对新兴的教育载体产生排异反应。

2.教育客体与社会要求之间的矛盾

思想政治教育过程是一个协调社会要求与个人成长发展需要的过程。尽管在不同历史时期社会要求的具体内容有所差异，但这一基本问题没变。

其一，教育客体与社会要求之间的矛盾成因。全媒体时代思想政治教育过程的存在目的，就是结合全媒体的传播优势，不断提升教育客体的思想政治品德素质，使教育客体的思想政治品德素质不断超越现有水平，向社会期望的水平发展。由于社会要求不断更新，因此社会要求的思想政治品德素质以及个体的实际思想政治品德水平之间总是存在着落差。社会要求具有适度的超前性，如若不然，思想政治教育就不能作为一种激励、教化和培育人的先进性实践而存在。面对具有适度超越性的社会要求，人们可能会产生畏难情绪和对立态度，不能正视社会要求和个人发展的一致性，导致二者产生矛盾。

其二，教育客体与社会要求之间的矛盾表现。首先，社会要求与教育客体的个人思想政治品德需要不一致。教育客体的思想政治品德素质与社会要求之间存在一定差距。其次，社会要求的思想政治品德素质与教育客体的现实利益诉求不一致。思想政治教育要重视满足人的成长发展需要和现实利益诉求，一味强调改变而不重视满足人的成长发展需要，不符合思想政治教育规律和人的成长发展规律。最后，教育客体的个人经验与社会要求不一致。教育客体并非完全被动地接受社会要求，他们总是以现有经验为基础，有选择地接受教育要求。若是他们新产生的个人经验与原有经验产生冲突，易使个体产生抉择困惑。

3. 教育客体与全媒体场域之间的矛盾

线上线下生活世界之间的生存方式与交往规范差异，教育客体驾驭全媒体场域的能力差异等造成了二者关系的紧张。一方面，教育客体不能适应全媒体场域的新技术生态。全媒体为思想政治教育创造了许多新的实践条件，在丰富教育客体感官体验的同时也提升了他们的精神体验。但是，面对现代高新科技，一些适应能力较差的教育客体会感到无所适从。另一方面，算法推荐的信息与用户信息需求之间的矛盾。全媒体场域中的信息推送主要借助于算法，教育客体失去了接收全面信息的可能性，很容易产生一定的价值偏向。由于算法本身就存在弊端，经由它所推荐的信息不一定是教育客体真正需要的信息。

（三）教育介体维度的多重矛盾关系及其主要表现

教育介体是连接教育主体和教育客体的中介。将教育介体作为分析全媒体时代思想政治教育过程矛盾的轴线，主要存在着两对矛盾，对应着图 4-1 中的第八种和第九种情况。

1. 教育介体与社会要求之间的矛盾

思想政治教育的内容、方法和载体若不能及时适应社会要求的变化，或者社会要求高于教育载体的更新和发展水平限度，就会导致二者的关系紧张。

其一，教育介体不能及时适应社会要求的变化。一些教育主体不能较好地将思想理论与社会现实联系起来，削弱了思想政治教育的解释力。一些相对保守的教育主体不愿意主动适应全媒体带来的教学变革，仍使用单一的教育方法和教育载体，影响了教育客体的学习体验。还有的教育主体一味迎合教育客体的娱乐化偏好，在传播形式创新上做足了功夫，却忽视了基本的内容阐释。全媒体时代思想政治教育过程仍要坚守“内容为王”原则，一切新技术和新手段都是为了更好地实现教育内容传播，不能舍本逐末，陷入形式主义的误区。

其二，社会要求高于教育介体更新发展的水平限度。网上网下同心圆建构的预期目标是一种融合线上线下教育实践的复合式教育要求，具有超越当前社会组织结构和协同管理模式的现有水平。思想政治教育过程的媒介融合发展正在由摸索阶段向纵深阶段过渡，现有的资源整合模式、分工合作模式等还不完善，仍需不断探索和完善。“新的思想政治教育理论研究范式，应当以对问题的发现、回应为研究基点。”[①]要把发现和解决问题作为基本原则，在不断解决新问题的过程中将教育内容、方法和载体向符合社会要求的方向推进。

2. 教育介体与全媒体场域之间的矛盾

教育介体与全媒体场域之间的矛盾体现为二者相互联系、相互作用的对立统一关系。全媒体技术对教育介体的影响是颠覆性的，重塑了教育介体的生长和传播规律。倘若教育介体不能适应全媒体场域的变化，或者全媒体技术野蛮生长，都会造成二者关系的紧张。

其一，教育介体不能及时适应全媒体环境的变化。大数据、人工智能、区块链等全媒体技术的发展重新塑造了思想政治教育的内容生产方式和信息分发方式。在全媒体场域中，教育内容的生产由“统一模式”转为“定制模式”。在分众化传播趋势下，教育者若是不考虑教育客体的需求差异，就无法获得认可。当前，网络信息内容分发的形式、介质、节奏等无一不受到互联网技术影响。思想政治教育的内容生产者要及时把握技术规律，生产出适应互联网技术特征的教育内容，选用恰当的教育方法和教育载体。

其二，全媒体技术的野蛮生长扰乱了教育介体的演变逻辑。在全媒体场域中，新兴媒介技术的野蛮生长对思想政治教育过程的演进造成一定干扰。首先，信息内容的不可控性。在多极传播趋势下，互联网信息生产的开放性提高，时空秩序和生产框

① 沈壮海：《思想政治教育有效性研究》，武汉：武汉大学出版社，2008 年，第 199 页。

架都出现了调整。[①] 网络空间中的每个节点都可以生产信息，造成信息内容的边界模糊。其次，教育方法的不确定性。按照算法推荐的技术逻辑，教育内容分发的价值判断由算法决定。然而，将教育内容的选择和分发交给算法把关，仍有较高风险。最后，教育载体的不稳定性。思想政治教育过程的流动性增强，增加了教育载体的不稳定性，也增加了教育内容的把关难度。

三、全媒体时代思想政治教育过程的运行环境张力造成的矛盾

外部环境改变给思想政治教育的发展目标提出了新要求，改变了思想政治教育过程运行的内在逻辑和具体样貌，使思想政治教育过程的外部矛盾发生变化。

(一)外部环境维度的矛盾关系及其主要表现

全媒体场域是社会环境的组成部分，应把全媒体场域置于社会环境框架内审视。为了尽可能阐释清楚思想政治教育过程外部环境的深刻变化，本书将全媒体场域单列出来，和社会环境的变化一起分析。社会要求与全媒体场域之间的矛盾对应着图4-1中的第十种情况。

1. 社会要求与全媒体场域之间产生矛盾的原因

一是全媒体场域造成了信息传播的把关权转移。流动的信息承载着一定的情感、态度和价值观。“信息的社会性分发历来被视为一种政治权力”[②]，决定了话语权掌握在谁手中。在全媒

① 谢静：《微信新闻：一个交往生成观的分析》，《中国社会科学文摘》2016年第9期。

② 喻国明、韩婷：《算法型信息分发：技术原理、机制创新与未来发展》，《新闻爱好者》2018年第4期。

体场域中，互联网的技术“平权”与“赋权”趋势促使信息传播大众化，人人都可以“发声”。全媒体为社会公共生活参与创造了条件，但也加剧了信息传播中心的消散，导致网络信息传播的把关权转移。当前，算法正在重塑信息传播过程，各类庞杂的信息淡化了社会要求的传播效果，使得社会要求的传播变得随机和不确定。

二是社会要求的变化具有超前性和相对滞后性。在思想政治教育过程中，社会要求总是在一定程度上超越于人们思想政治素质的现有水平，否则思想政治教育活动就不能作为一种先进性的精神交往活动而存在。社会要求在发展目标上要超前于现有的实践水平，网上网下同心圆建构的预期目标总是高于线上线下融合发展的现有水平。同时，社会要求是在每一阶段实践基础上得来的，它的形成、发展和完善需要经历特定时间周期。在全媒体技术驱动下，社会生活各领域发生转型。人类社会发展的每一阶段都是如此，任何社会生产力和社会组织形式在产生之后才为人们所认识和运用，并推动社会要求不断发展。

2. 社会要求与全媒体场域之间矛盾的主要表现

一是全媒体场域的信息传播特征干扰了社会要求的传递。全媒体时代，网络空间成为社会舆论的发源地，社会舆论生态发生重大变革，舆论发酵和传播的速度加快。在各种突发公共事件的网络传播中，一些负面信息在经过多级传播之后很有可能被放大，消解了人们对于社会要求所承载的正面的认识。碎片化的信息传播可能产生“盲人摸象”效应，一些缺乏公共生活责任感的人只凭着局部经验或片面了解，对事件进行主观性揣测。这种以偏概全的认知方式对社会公共生活秩序产生负面影响，使人们对社会要求产生怀疑和不信任感。

二是社会要求的呈现方式不符合全媒体场域的传播规律。社会期望人们所具备的思想政治素质总是呈现为一定的社会要求，这种社会要求是对于人们思想认识活动的方向性指引，具有超前于当前现实的超越性。同时，网上网下同心圆建构的预期目标是一种线上线下社会价值观充分整合的期望。线上线下生活世界的社会要求是一致的，人们在线上线下生活世界的思想政治品德表现也要一致。社会要求既有线上线下双重场域的目标融合，也有线上线下的实践融合。全媒体场域改变了思想政治教育的实践目标，要求教育主体能够结合全媒体的传播优势，充分实现线上线下生活世界中社会成员的思想认识整合。面对这种新的更高的教育目标和实践要求，线上线下思想政治教育过程的融合发展尤为重要。

（二）现实转换维度的矛盾关系及其主要表现

思想政治教育过程现实转换中存在的矛盾，是指不同构成要素所组成的系统与外部环境之间互动运作时所存在的矛盾。具体表现为以下三个方面：

1. 社会共识凝聚与多元价值冲击之间的矛盾

网上网下同心圆建构，就是通过线上线下思想政治教育过程的融合发展，促进形成整个社会生活领域全体社会成员的价值观整合与共识凝聚。习近平指出，“什么是同心圆？就是在党的领导下，动员全国各族人民，调动各方面积极性，共同为实现中华民族伟大复兴的中国梦而奋斗。”[①]在互联网影响下，多元价值观交织，不断冲击着人们的固有价值标准，使社会价值观念出

① 习近平：《在网络安全和信息化工作座谈会上的讲话》，《人民日报》2016年4月26日，第2版。

现了离心和分化趋势。“我们所处的世界早已发生‘裂变’，二元对立和某一主流文化始终居高临下的观念也已被多元文化观念所取代。”[①]如何处理好多元价值观和社会共识凝聚的关系，成为思想政治教育过程的重要议题。社会共识凝聚的前提是个体认识到自身和共同体的关系，以及社会共识凝聚对于自身发展的意义。个人利益和社会利益不是对立关系，“不应认为，这两种利益是敌对的、互相冲突的，一种利益必须消灭另一种的”[②]。在尊重价值多元化趋势的基础上维护社会共识，是实现个体自我价值的客观条件保证。

2.线上交往与线下交往相互融合之间的矛盾

人们所跻身生存的生活世界是个复杂的全媒体场域。宏观上，线上线下生活世界交织，面对面实时交往和屏幕跨时空交往交织，学习工作场景和休闲娱乐场景交织；中观上，在以各种纽带集结起来的网络共同体中，凭借兴趣爱好集结起来的趣缘共同体往往是脆弱的；微观上，人们的线下人际关系圈被转移到线上，围绕“家族群”“工作群”等展开的线上互动，而“朋友圈仅三天可见”“仅部分人可见”等却显示了强关系下的弱交往现象，表征着社会成员复杂的交往心理。在线上和线下交往过程中，人们遵循着不同的思维方式和行为模式。线上交往和线下交往在存在形态融合方面呈现出虚拟与现实的矛盾、一元与多元的矛盾，在交往秩序融合方面呈现出规范与自由的矛盾、他律与自律的矛盾，在互动原则融合方面呈现出求同与存异的矛盾、团结与开放的矛盾，使得线上线下交往的融合变得矛盾重重。

---

① 马中红、陈霖：《无法忽视的另一种力量》，北京：清华大学出版社，2015年，第66页。

② 《马克思恩格斯全集》第40卷，北京：人民出版社，1982年，第7页。

3. 主流话语表达与日常生活叙事之间的矛盾

在网上网下同心圆建构过程中，还有一项严峻的挑战就是不同话语体系的矛盾。在传统思想政治教育过程中，主流话语表达采取的是直接灌输方式，通过规范的渠道把思想理论传递给社会成员。全媒体促进了政治日常的生活化以及日常生活的政治化进程。互联网成为人们表达观点的重要场域，与线下生活场域中的话语表达呈现差异。人们以全媒体场域中的网络社交平台为载体，形成了一种不同于主流话语表达的独特叙事方式。严肃的主流话语表达与戏谑的日常生活叙事之间出现了对冲，互联网的日常生活叙事以戏谑的方式消解了主流价值的严肃性。网络文化具有很强的原创性，各种“梗”在传播中被不断放大。不能实现主流话语表达与日常生活叙事的有效衔接，就不能适应个体的网络化生存偏好。

（三）延续与扬弃：全媒体环境对思想政治教育过程矛盾的影响

事物的发展具有连续性特征，新事物总是在继承旧事物合理因素的基础上产生的。不能简单地采取肯定或否定一切的态度，而要在肯定与否定的统一中分析问题。全媒体时代思想政治教育过程的矛盾与以往思想政治教育过程的矛盾既存在区别，也有其内在一致性。

1. 思想政治教育过程的矛盾是否因全媒体场域出现了变化

无论是思想政治教育过程的基本矛盾还是具体矛盾，都因全媒体场域的影响出现了新的变化。那么，我们究竟应在何种层面上把握全媒体场域对思想政治教育过程矛盾的影响？

一方面，全媒体场域改变了思想政治教育过程基本矛盾的存在形态。一直以来，人们关于思想政治教育过程基本矛盾的认识，体现为社会所期望的思想政治品德素质水平与个体实际所具备的思想政治品德素质水平之间的不对等与不匹配状况，即应然状态和实然状态之间的矛盾。本书提出，全媒体时代思想政治教育过程的基本矛盾是网上网下同心圆建构的预期目标与社会成员思想政治品德的现有水平之间的矛盾。相较于以往的“社会所期望的思想政治品德素质水平”提法，“网上网下同心圆建构的预期目标”包含了更加丰富的信息层次，不仅强调全媒体时代对思想政治教育过程实践场域的重塑，还指明了线上线下教育目标的一致性。要想实现线上线下教育效果一致，必须借助全媒体促进社会成员不断提高思想政治品德素质，使之达到社会期望水平。在这个意义上，“网上网下同心圆建构的预期目标”与“社会所期望的思想政治品德素质水平”的提法并不相斥，并且“社会所期望的思想政治品德素质水平”就内嵌在“网上网下同心圆建构的预期目标”的实践进路中。

确切地说，全媒体场域不是改变了思想政治教育过程的基本矛盾，而是改变了思想政治教育过程基本矛盾的存在形态。在线上线下生活世界融为一体的今天，理论界关于思想政治教育过程基本矛盾限定阈的探讨也更加迫切。基于理论与实践相统一的考量，思想政治教育过程的基本矛盾要揭示线上线下融合思想政治教育过程的基本状态。关于全媒体时代思想政治教育过程基本矛盾的理论表述，应该能够同时规定线上线下思想政治教育过程的本质，并决定线上线下思想政治教育过程中其他全部矛盾的存在形态和发展方向。

另一方面，全媒体场域改变了思想政治教育过程具体矛盾的表现形态。思想政治教育过程的具体矛盾主要是由各要素间不相匹配以及运行环境存在张力造成的。全媒体场域重塑了思想政治教育过程的构成要素，使教育主体、教育客体、教育内容、教育方法和教育载体等无不呈现出“四全”特征。受到全媒体场域影响，思想政治教育过程的具体矛盾所呈现出的每一种表现形态，都折射出互联网思维。

2.在不同时期，思想政治教育过程矛盾的发展具有延续性

关于全媒体时代思想政治教育过程矛盾的认识，是对以往思想政治教育过程矛盾的局部否定，体现了思想政治教育过程矛盾发展的延续性。

一方面，全媒体时代思想政治教育过程的基本矛盾是立足于以往思想政治教育过程的基本矛盾而演进的。正是在以往人们关于思想政治教育过程基本矛盾客观认识的基础上，学者们才总结提炼出应着眼于个体思想政治品德素质水平“实然状况”与“应然状况”的差异，并通过缩小二者差距，促进思想政治教育过程向更加成熟的状态过渡。社会所期望的思想政治品德素质水平总是随着社会生活不断发展，即使个人的思想政治品德水平总是处于不断提升的前进状态，但是上述两种水平存在着落差。思想政治教育过程内部总是存在着一定张力，促使思想政治教育过程不断发生和演进。人们对于全媒体时代思想政治教育过程基本矛盾的认识，正是建立在以往传统媒体时代思想政治教育过程基本矛盾的基础之上。

另一方面，全媒体时代思想政治教育过程的具体矛盾是依赖以往思想政治教育过程的具体矛盾而被把握的。在不同时期，思想政治教育过程的具体矛盾具有连续性特征，以往传统媒体时代思想政治教育过程的具体矛盾，集中表现为教育主体、教育客体以及教育内容、方法和载体等不同构成要素之间的矛盾。在全媒体时代，尽管思想政治教育过程具体矛盾的表现形态呈

现出技术化特征，但各要素间的矛盾仍存在。我们不能完全抛弃关于以往思想政治教育过程具体矛盾的理论认识，而要立足于全媒体的时代特征，重新认识各要素间的矛盾关系及其表现，为有效解决各种矛盾创造条件。

第五章 全媒体时代思想政治教育过程的规律

规律体现了全媒体场域中思想政治教育过程矛盾运动的相对趋势。全媒体时代思想政治教育过程的基本规律在其基本矛盾的两个层面上反映出作为人的教育主客体与社会之间的相互作用规律。一方面，施教主体在线上线下生活世界的全部活动中都承载着社会要求，并且一定要适应教育客体的思想政治品德发展状况。另一方面，思想政治教育过程并非局限于线下生活世界，而是在线上线下生活世界融合的全媒体场域中引导、教化和提升人的思想行为，促进社会成员的全面发展。在这个意义上，仍可以把思想政治教育过程的基本规律概括为“适应超越律”，但它的具体内容呈现出符合全媒体时代特征的新特质。基本规律围绕着全媒体的“四全”特性又表现为不同的具体规律，并且每个具体规律下面包含着丰富的子规律。本章立足于第四章“全媒体时代思想政治教育过程的矛盾解析”，从全媒体时代网上网下同心圆建构的预期目标和实践要求出发，总结提炼了关于解决思想政治教育过程矛盾的规律性认识，力图建构一个体现全媒体时代“四全”特性的规律体系。

一、辩证唯物主义视域下思想政治教育过程的规律

思想政治教育过程的运行、更替与演进遵循着特定的规律。全媒体时代思想政治教育过程的规律是对以往思想政治教育过程规律的延续与扬弃。

(一)全媒体时代思想政治教育过程规律的概念

全媒体时代思想政治教育过程的规律是指关于网上网下同心圆建构的规律性认识。这种规律性认识在根本上揭示了思想政治教育过程的发展趋势。思想政治教育过程的规律体系是一种“上窄下宽”的金字塔型结构,表征着全媒体场域的新特质。

1. 全媒体时代思想政治教育过程的规律内涵

规律是事物本身所固有的必然的内在联系,揭示了不断变化的现象中所存在的稳定联系。“规律就是关系……本质的关系或本质之间的关系。”[①]在不断变化的现象中存在着一种稳定的联系,促使符合联系的现象不断发生,从而揭示矛盾运动的趋势。这种稳定的联系就是规律,代表着事物发展过程中客观存在且相对稳定的趋势。尽管社会现象不断发生变化和更替,但纷繁复杂的现象背后总是存在着一定的规律。

人们认识和把握规律,是为了遵循和运用规律,在符合规律的基础上开展各项社会实践。“所谓必然,就是客观存在的规律性,在没有认识它以前,我们的行动总是不自觉的,带着盲目性的。”[②]没有规律的有效指导,人们的活动只能是盲目的、随机的。只有把握事物之间必然的、稳定的内在联系,人们才能进行自觉

① 《列宁全集》第 55 卷,北京:人民出版社,1990 年,第 128 页。

② 《毛泽东文集》第 8 卷,北京:人民出版社,1999 年,第 306 页。

有为的理性活动。我们必须结合全媒体的新传播特征，重新把握思想政治教育过程的规律。同时，不应仅着眼于从静态维度考察构成要素的呈现规律，还要从动态维度考察思想政治教育过程的运行、更替与演进的走向。

思想政治教育过程的规律，即是指思想政治教育过程内部诸要素之间本质的、必然的稳定联系，以及整个思想政治教育过程与外部全媒体场域之间本质的、必然的稳定联系。全媒体时代，思想政治教育的本质没变，仍是通过有目的、有计划、有组织的意识形态教化，实现社会成员思想政治品德素质的提升，使之不断向满足社会发展期待的方向转变。作为一种思维性存在，全媒体时代思想政治教育过程的规律需要通过一系列具象的现象呈现出来。我们需要厘清思想政治教育过程中的多样化矛盾，通过归纳演绎抽象出其内在的规律。

2. 全媒体时代思想政治教育过程的规律结构

思想政治教育过程是一项系统实践，包含着一系列复杂的内在关系。既有思想政治教育过程内部诸要素之间的相互作用，又有整个思想政治教育过程与全媒体场域之间的相互作用；既有只存在于思想政治教育过程某一阶段或某一环节中的矛盾运动，也有贯穿于思想政治教育全过程的矛盾运行；既有必然的、本质的联系，也有偶然的、非本质的联系。思想政治教育过程的规律体系是一个具有层次差别的结构性存在，其中包含着综合立体的关系结构以及相互联系的多种规律。对于思想政治教育过程规律的把握应呈现出立体化特征，按照“要素—结构—系统”的逻辑理路，立体把握全媒体时代思想政治教育过程的规律体系。

结合第四章关于思想政治教育过程矛盾结构的认识，可以推演出思想政治教育过程的规律结构。一方面,通过对全媒体时代思想政治教育过程基本矛盾的抽象把握,可以推演出全媒体时代思想政治教育过程的基本规律;另一方面,通过对全媒体时代思想政治教育过程具体矛盾的抽象把握,可以推演出全媒体时代思想政治教育过程的具体规律。思想政治教育过程的规律由基本规律和多个具体规律组成,是一个既有层次差别又相互联系的规律体系。思想政治教育过程的规律包括上端、中端和下端三个层次,整体呈现出上尖下宽的金字塔型结构(见图 5-1)。塔尖是基本规律,制约和决定着其他全部规律。中间是具体规律,是基本规律在不同维度的具体呈现。底端是子规律,是具体规律在不同阶段和环节中的具象呈现。思想政治教育过程规律的结构就是“基本规律—具体规律—子规律”的三层立体结构。

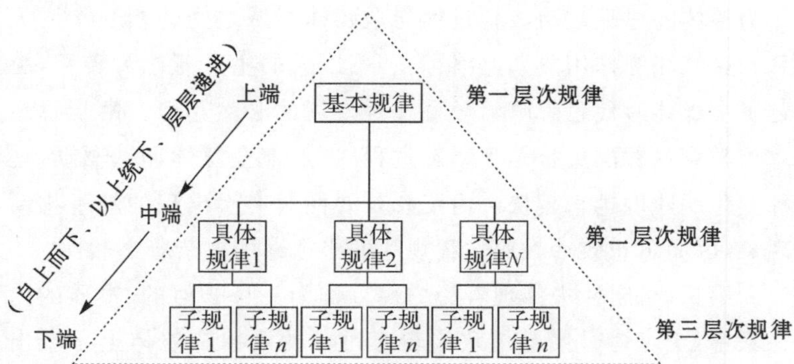

图 5-1　全媒体时代思想政治教育过程规律的层次和结构

这三个层次是一种以上统下的逻辑关系,即基本规律决定具体规律,具体规律规定子规律。各层次环环相扣,使思想政治教育过程规律的结构呈现出一条清晰的逻辑主线,为规律体系搭建起科学的理论框架。其中，第一层次规律是基本规律，也是最高层次的规律。基本规律普遍存在于思想政治教育全过程，是对基本矛盾的抽象。具体规律是对思想政治教育过程内部或外部的某一阶段或环节中所存在的具体矛盾的抽象，属于中间层次的规律，也即第二层次规律。子规律是对具体矛盾的不同层面的抽象，属于最低层次的规律，也即第三层次规律。三个层次的规律相互联系、相互作用，共同构成了思想政治教育过程的规律体系。

3. 全媒体时代思想政治教育过程的规律特征

第一，必然性中混杂着突然性。任何规律都有其存在的客观必然性，不以人的主观意志为转移。人们可以认识、把握和运用规律，但是无法创造、改变或消除规律。全媒体时代思想政治教育过程规律的必然性，体现为诸要素间的相互作用关系，以及作为整体的思想政治教育过程与全媒体场域之间的相互作用关系。这些相互作用关系始终存在，不以人的主观意志为转移，决定了全媒体时代思想政治教育过程发展的必然趋势。由于思想政治教育过程的更替是个动态过程，再加上全媒体场域驱动，这种变化的速度越来越快。由于总是要面对突然出现的新事物新现象，因而思想政治教育过程规律的必然性中夹杂着突然性。

第二，稳定性中体现着历史性。作为一种必然的、本质的内在联系，全媒体时代思想政治教育过程的规律在整体上呈现出稳定性特征。也正因如此，规律才能为人所认识和把握，进而为人所遵循和利用。同时，全媒体时代思想政治教育过程规律的稳定性中也存在着一定的历史性特征。在不同社会以及同一社会发展的不同阶段，思想政治教育过程规律的实际内涵和作用性质不尽相同。全媒体时代，尽管思想政治教育过程的本质没变，但它的实践方式发生了变革，要求我们提炼出符合“四全”特性的思想政治教育过程规律。

第三，确定性中夹杂着不确定性。在一定时期或阶段内，规律总是具有确定性。思想政治教育过程规律的确定性是一种相对确定性，在相对确定中不可避免地会存在着不确定性。全媒体改变了信息生产和传播的方式，调整了教育内容的呈现方式，重塑了人际互动的交往模式。这种新的技术生态是一把双刃剑，利弊共存。网络信息传播的速度和广度呈几何倍数增长，面对各种突发事件带来的负面舆情，以及社会发展过程出不断出现的新现象新问题，全媒体时代思想政治教育过程规律的演变必然会受到一些不确定性因素的影响。

（二）全媒体时代思想政治教育过程的基本规律

基本规律在思想政治教育过程规律的结构体系中居于总体上的最高层次，对于其他规律具有决定性的主导作用。

1. 何为全媒体时代思想政治教育过程的基本规律

在全媒体时代思想政治教育过程的整个规律体系中，基本规律占据着决定性的主导地位，制约并规定着具体规律的发展趋势。把握基本矛盾是掌握基本规律的先行条件，应通过全媒体时代思想政治教育过程的基本矛盾来揭示全媒体时代思想政治教育过程的基本规律。在全媒体场域中，思想政治教育过程的基本矛盾是网上网下同心圆建构的预期目标与社会成员思想品德素质的现有水平之间的矛盾。根据这一矛盾的内在理论限定，基本规律应该在基本矛盾的两个层面上反映出人和社会之间的相互作用规律。一方面，教育主体在线上线下生活世界开展的全部教育活动都承载着社会要求，并要适应教育客体的思想政治品德发展状况。另一方面，在线上线下生活世界融合的全媒体场域中引导、教化和提升人的思想行为，促进社会文明程度向更高级状态发展，也促进个体的思想政治品德素质向更完善状态过渡。由此，我们仍把全媒体时代思想政治教育过程的基本规律概括为“适应超越律”。

“适应超越律”不是一个新提法，是“适应”和“超越”的辩证统一。在全媒体场域中，施教主体的教育活动不仅要符合社会发展期望，还要适应教育对象的思想政治品德状况以及全媒体生存偏好。施教主体向教育对象传递的教育要求，还应与教育对象的实际思想政治品德水平保持适度的张力。“这种‘张力’就是我们平常所说的‘跳一跳，摘得到’所指的幅度。”[①]正确认识“适应超越律”必须从教育客体现有的思想政治品德状况出发，使他们相信社会要求所期望实现的教育目标是可以通过努力实现的。正是由于“适应超越规律”的存在，思想政治教育过程的精神交往才能教化人，使之不断向更好的状态发展。

本书提出的“适应超越律”的内涵表征与以往存在区别。全媒体时代，“适应超越律”的内涵表征在质的层面出现了新变化，即实践场域的融合、拓展与延伸。“更加重视运用人工智能、互联网、大数据等现代信息技术手段提升治理能力和治理现代化水平。”[②]尽管思想政治教育过程的技术化和媒介化趋势日益显著，但它的基本矛盾仍是“适应超越律”，只不过是在全媒体场域中具备更高要求、更多层次和更高水平的“适应超越律”。要结

① 张震环、桑春红:《思想政治教育的规律体系探微》,《思想教育研究》2012 年第 9 期。

② 习近平:《习近平关于〈中共中央关于坚持和完善中国特色社会主义制度推进国家治理体系和治理能力现代化若干重大问题的决定〉的说明》,《人民日报》2019 年 11 月 6 日,第 4 版。

合全媒体的传播优势，不断缩小社会所期望个体能够具备的思想政治品德素质以及社会成员实际所具备的思想政治品德素质之间的落差，使教育客体的思想政治品德水平在教育主体的影响下不断转化提升。“不仅要揭示出思想政治教育活动的目标是‘适应超越’，更重要的是揭示出实现这一目标所要经历的环节和具备的条件。”[①]思想政治教育过程的运行和发展是个动态过程，它的基本规律受到全媒体场域重塑，在稳定性中尽显历史性。

2. 全媒体时代思想政治教育过程基本规律的地位和作用

全媒体时代思想政治教育过程的基本规律揭示了基本矛盾的必然运动趋势。基本规律在全媒体时代思想政治教育过程的规律体系居于“上端”，决定着其他层次规律的生成和演进。

第一，揭示了全媒体时代思想政治教育过程基本矛盾运动的必然趋势。全媒体时代思想政治教育过程的基本矛盾是，网上网下同心圆建构的预期目标与社会成员实际思想品德水平之间的矛盾。这一矛盾运动的必然趋势是“否定的扬弃”，具体表现为社会成员能够不断克服现有思想水平的弊端因素，将施教主体施加的教育影响作为精神养料，不断完善自身的思想政治品德水平，在扬弃中实现思想品德素质的适应超越和转化提升。

第二，在全媒体时代思想政治教育过程的规律体系中居于最高层次。基本矛盾和具体矛盾对于推动思想政治教育过程运行起到的作用不同。其中，基本矛盾是最关键的一对矛盾，不仅决定着思想政治教育过程的本质和发展方向，还在与思想政治

① 王易、宋健林：《论新时代思想政治教育规律研究的科学化》，《重庆大学学报》（社会科学版）2018 年第 4 期。

教育过程有关的各阶段各环节中具体展开。由此，也就形成了各种与基本矛盾相关的具体矛盾。具体矛盾是基本矛盾在不同维度和不同方面的呈现。由于基本矛盾和具体矛盾在全媒体时代思想政治教育过程中所处的地位不同，基本规律和具体规律在思想政治教育过程规律体系中的层次也有所差异。基本规律在思想政治教育过程规律体系中居于最高层次，制约和决定着具体规律的实现程度，统领着具体规律的发生和演进。

第三，在全媒体时代思想政治教育过程中起主导作用。基本规律和具体规律在思想政治教育过程运行和发展中所占据的地位有所差异。在全媒体场域中，“适应超越律”不仅贯穿于思想政治教育过程内部，而且贯穿于思想政治教育过程和全媒体场域综合作用的整个进程，对思想政治教育过程的各阶段各环节产生影响。具体规律仅是在思想政治教育过程某一阶段或者某一环节发挥作用，只能揭示其所在阶段或所在环节的特征和发展趋势。基本规律则贯穿思想政治教育过程始终，规定并揭示了思想政治教育过程发展的基本趋势。教育主体在全媒体场域中开展的教育活动与教育客体的思想政治品德状况之间由矛盾对立到基本适应、再到新的矛盾对立，在循环往复中规定了思想政治教育过程的演进趋势。

（三）全媒体时代思想政治教育过程的具体规律

在全媒体场域中，思想政治教育过程的具体规律由基本规律所决定，是基本规律在不同维度和不同方面的具体呈现。具体规律在思想政治教育过程的规律体系中处于“中端”的第二层次，从属于第一层次的基本规律。通过全媒体时代思想政治教育过程内部的多对矛盾，以及它与外部全媒体环境之间的矛盾，可以抽象出多种具体规律。

1. 何为全媒体时代思想政治教育过程的具体规律

全媒体时代思想政治教育过程的具体规律是指，在思想政治教育过程运行和发展的不同阶段、不同环节中稳定的内在联系及其矛盾运动的必然趋势。思想政治教育过程的具体规律可从其具体矛盾中抽象出来，并与具体矛盾一一对应。思想政治教育过程的具体矛盾包括要素变化造成的矛盾和运行环境张力造成的矛盾。从思想政治教育过程的内外部矛盾出发，它的具体规律主要包括"构成要素变化"以及"运行环境张力"存在的规律。

图 5-2 是对图 5-1 的具体化呈现，展现了全媒体时代思想政治教育过程规律体系的全部内容。在"适应超越律"统领下，全媒体时代思想政治教育过程的具体规律在"全程""全息""全员""全效"四个维度上有不同体现，包括全程传播格局下思想政治教育过程的思想转化规律、全息渗透态势下思想政治教育过程的技术影响规律、全员参与背景下思想政治教育过程的聚合作用规律、全效融合状态下思想政治教育过程的联动协同规律。上述规律共同构成规律体系的第二层次规律。每个具体规律都包含着一系列子规律，从多角度展现了思想政治教育过程规律的丰富性。如图 5-2 所示，全媒体时代思想政治教育过程的具体规律在保留以往思想政治工作规律、学生成长规律和教书育人规律的基础上，还必须体现互联网思维。

2. 全媒体时代思想政治教育过程具体规律的地位和作用

具体规律在全媒体时代思想政治教育过程规律体系中居于中间层次，决定着子规律的生成和演进。

第一，揭示了全媒体时代思想政治教育过程具体矛盾运动的必然趋势。全媒体时代思想政治教育过程的具体规律对应着

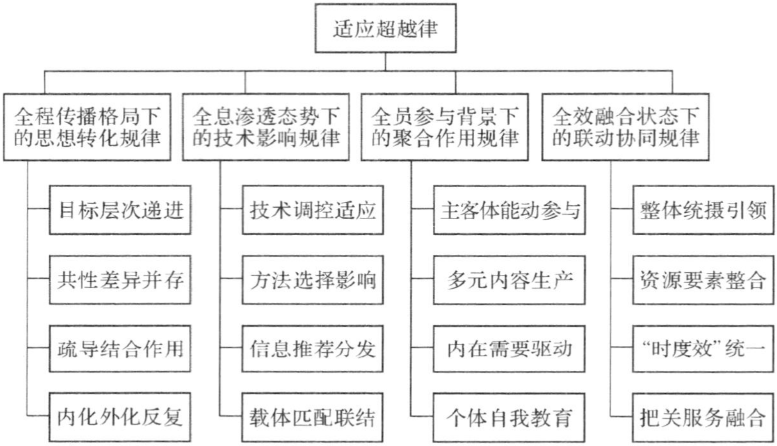

图 5-2　全媒体时代思想政治教育过程的规律体系

它的具体矛盾,可以从全媒体时代思想政治教育过程的具体矛盾中抽象出具体规律。在全媒体场域中,思想政治教育过程具体规律不仅反映了不同排列组合的构成要素之间的内在联系及其矛盾运动的必然趋势,还反映了作为一个系统的思想政治教育过程与全媒体场域之间的内在联系及其矛盾运动的必然趋势。

第二,在全媒体时代思想政治教育过程的整个规律体系中居于第二层次。由于具体矛盾受到基本矛盾制约,因此,全媒体时代思想政治教育过程的具体规律也处于基本规律的统领之下,在全媒体时代思想政治教育过程的整个规律体系中居于第二层次。同时,每个具体矛盾又包含着矛盾的主要方面和次要方面。矛盾的主要方面决定着全媒体时代思想政治教育过程的发展趋势,可以抽象出符合该阶段该环节的子规律。每个具体矛盾都对应着一系列子规律,制约着子规律的发生和演进。

第三,在全媒体时代思想政治教育过程的某一阶段或某一环节中起主导作用。思想政治教育过程的具体规律是它的基本规律在不同阶段不同环节、不同维度不同方面的具体表现。具体规律在全媒体时代思想政治教育过程的某一阶段或某一环节中起主导作用,揭示了全媒体时代思想政治教育过程某一阶段或某一环节的特征和发展趋势。从整体来看,全媒体时代思想政治教育过程内部诸要素出现的新变化会使其相互之间出现矛盾,思想政治教育过程系统与外部全媒体场域之间的张力也会出现矛盾。不过,全媒体时代的思想政治教育过程正是在一个又一个矛盾的不断出现以及不断解决中持续向前更替与演进的。

二、全媒体时代思想政治教育过程规律体系的基本内容

思想政治教育过程的规律体系,是一个由基本规律、具体规律及其子规律共同组成的多侧面、多维度和多层次的综合规律体系。全媒体时代思想政治教育过程的规律与以往思想政治教育过程规律之间存在着延续与扬弃的密切联系。

一方面,与以往思想政治教育过程的规律一样,全媒体时代思想政治教育过程的规律也揭示了个体思想政治品德的形成与发展规律,旨在解决个体的思想与行为问题。同样,全媒体时代思想政治教育过程的规律也要服从和服务于社会发展需要,促进解决社会发展过程中出现的各种思想认识落后与偏差现象。

另一方面,全媒体时代思想政治教育过程的规律也具有和以往思想政治教育过程规律不一样的特性,这种特性是与全媒体时代的特征密切联系在一起的。因此,在全媒体场域中,思想

政治教育过程的具体规律可以从全媒体的“四全”特性入手，从“全程”“全息”“全员”“全效”四个维度进行把握。

还要认识到，全媒体时代思想政治教育过程的规律揭示的是如何利用全媒体的传播优势，更好地促进实现思想认识转化的问题。不能把全媒体时代和思想政治教育过程的规律割裂开来认识，而要将整个思想政治教育过程放置于全媒体场域中进行考察，在整体上揭示全媒体对思想政治教育过程的调整与重塑，并进一步把握由全媒体所影响或催生的思想政治教育过程规律的具体形态。

（一）全程传播格局下思想政治教育过程的思想转化规律

全媒体的第一个特性是“全程”媒体。在全程传播格局下，信息传播的时空界限被打破，思想政治教育过程的存在形态和表现方式也随之出现了根本性调整。尽管如此，通过思想政治教育促进个体思想认识转化，并使之朝着社会发展所期望的方向转变的根本任务没有改变。作为一项有目的、有计划和有组织的特殊实践活动，全媒体时代的思想政治教育过程也必须根据社会要求教化、塑造和引领人的思想，使之向符合社会期望的方向转化提升。在全程传播格局中，个体的思想品德形成与发展有其独特的内在规律，需要从多个维度加以认识和把握。

1. 重视教育目标的层次差异，采用分层思维制定和落实教育目标

社会要求是一个宏观的思维概念，在整体上规制着人们的思想认识和行为实践。然而，社会全面进步和人的全面发展是一个长期的连续实践过程，不可能一蹴而就，需要循序渐进地贯彻落实教育目标。此外，社会成员的实际情况也存在差异，需要

根据他们的身份角色、社会地位和思想状况等有所区别地进行分层教育。全媒体打破了信息传播的时空界限，随着呈指数级增长的海量信息涌现，教育对象每天都能够接触到丰富多样的信息。这就要求施教主体必须着眼于思想政治教育过程实施的阶段性和个体差异性，采用分层思维分析和落实教育目标，不断提高全媒体时代思想政治教育过程的针对性和有效性。

在人类生活的各个领域，一切实践活动都是依据由易到难、由浅入深的顺序逐次展开，思想政治教育实践活动也不例外。个体的思想认识总是由浅显的表层逐渐过渡到深刻的里层，没有经过表层认识活动的积累，人们就无法进入更深层次的认识活动。在全媒体场域中，人们对新思想、新理论和新观点的接受同样遵循着先易后难、先浅后深的线性过渡顺序，否则就无法取得良好的教育效果。况且思想政治教育活动还具有适度的超越性，与人们的现实思想水平之间存在着一定的差距。如果不加区分地以完全一致的实践标准要求全体社会成员，采取"一刀切"和"标准化"的思维贯彻教育目标，势必无法取得良好的教育效果。

思想政治教育过程的目标层次性主要体现在两个方面：一是目标制定方面。教育目标是一个具有不同层次和结构的完整系统。根据教育目标地位和功能的差异，可以划分为总目标和阶段性目标、根本目标和具体目标；根据教育目标内容形式的差异，可以划分为知识目标、思想目标、情感目标、心理目标、价值观目标和行为目标；根据教育作用对象规模的差异，可以划分为个体目标、组织目标、群体目标和社会目标；根据个体培育层次的差异，可以划分为培养独立生存者的目标、合格建设者和接班人的目标、可靠接班人的目标；根据实践场域的差异，可以划分为线上思想政治教育过程的目标、线下思想政治教育过程的目标以及线上和线下思想政治教育过程的融合目标。二是目标落实方面。教育目标的落实需要考虑社会成员的实际情况和具体特征，在尊重不同个体认识水平、觉悟程度和利益诉求差异的基础上，根据分众化信息传播趋势有针对性地对社会成员进行分层教育。总体而言，在贯彻落实教育目标时，既可以按照人口统计学的性别、年龄等要素进行对象分层，也可以按照社会学的身份、职业、兴趣等要素进行对象分层。随着全媒体在社会生活领域的全面和深度介入，思想政治教育过程的目标制定和行动落实更加凸显问题意识，也更加突出问题导向，不仅关涉整合社会价值观念的思想凝聚要义，而且更加重视日常生活中的思想价值引领。

2. 重视教育实践的场域差异，慎重理性地看待与处理多元价值表达

尽管线上线下思想政治教育过程的场域不同，但它们的目标一致，都是将社会要求传递给社会成员，使社会成员形成符合社会发展需要的思想政治品德素质。这种终极目标的一致性也是线上线下思想政治教育过程得以融合发展的前提性条件。全媒体正在综合渗透到人们的日常生活中，并且重构了人际交往的组织和行为模式。虽然线上线下生活世界之间正在融合，但是二者之间依然存在显著差异，不能将二者完全等同起来。

共性和差异并存的首先表现在实践场域方面。线上生活世界和线下生活世界互相融合的全媒体环境拓展了社会生活空间，线上生活成为人类现实生活在网络空间的延伸，催生了崭新的思想政治教育实践场域。现代信息技术的发展塑造了“网络实践”这一新的实践形式。网络实践是多元化的交往主体通过

数字化中介系统进行的多向互动。网络实践形式提升了个体活动的自主性和创造性，为人际交往和个体实践提供了多样化方式，不仅给思想政治教育过程的运行和发展创造了诸多机遇，也带来了很多极具颠覆性的重大挑战。线上线下生活世界的人际交往模式存在显著差别，线下生活世界的人际交往基本是以血缘、学缘或业缘等为纽带将人们集结起来，而线上生活世界则多是以趣缘或算法推荐技术为纽带将人们集结起来，由此就形成了两种截然不同的人际关系。尽管人们在线上和线下两个生活世界中的生存状态和交往规范不尽相同，但是无论在哪一个生活世界中，他们都必须遵照社会要求，不断提高自身的思想政治品德素质，努力使自己成长为一名合格的社会成员，严格遵守社会公共生活的法律秩序和伦理准则。

共性和差异并存的另一个表现在思想认识领域。随着互联网特别是移动互联网在社会生活领域的普及，信息源和信息量都呈几何级增长。各种各样的思想观点通过互联网在社会生活中快速而广泛地散播开来，使社会话语表达呈现出“众声喧哗”状态。多元社会思潮、社会文化和社会心态相互交织，人们的价值观念面临着多种选择和冲击。思想政治教育过程是一个统一社会成员思想共识的过程，但是它亦是一种尊重人们个性差异的精神交往实践。思想政治教育过程所致力于实现的思想认识统一不是一种抵制张扬个性的完全同质化状态，而是在尊重个性差异的基础上寻求人们思想认识的最大公约数，并据此建构起推动社会发展的坚实精神根基。因此，教育主体始终在探索牢牢掌握舆论主动权的方法，敢于并善于向负面价值观念或思想主张“亮剑”。同时，思想政治教育过程也充分尊重不同个体的多样文化需求，在坚持流行文化个性的基础上以社会主义核心价值观引领社会文化风尚，使流行文化的价值内核向符合社会要求的方向发展。

3. 认清思想矛盾运动的复杂性，坚持理论灌输与价值引导相结合

根据人的思想形成和心理成长规律，思想困惑和思想矛盾的解决是正确的世界观、人生观和价值观形成的前提，而健康人格和积极心态的培育恰恰又能够促进坚守与维护正确的道德观念和价值观念。在全媒体场域中，思想政治教育过程同样要解决个体的各种思想认识偏差，也要坚持理论灌输和价值引导相结合的作用规律。一方面，要充分利用全媒体的全天候、全方位传播优势，把党的理论、路线、方针和政策传递给社会公众。另一方面，要规避全媒体全程传播的信息过载弊端，加强思想政治教育的内容选择和方案设计，有针对性地解决个体在全媒体生存中所出现的各种思想困惑和思想矛盾。

随着经济社会迅猛发展，人们获得了更多的机会。与此同时，就业难、住房难、医疗难等问题也使得人们面临巨大生存压力，再加上互联网在全社会范围内广泛传播一系列理想信念缺失、道德沦丧、价值观迷失等负面社会现象，进一步加剧了社会性的心态失衡。面对这些问题，除了采用传统的说教方法进行约束和规范，还要借鉴心理调节的方法适时进行调试。心理疏导不仅仅停留于心理问题层次，而是以心理问题为切入点，着重处理人们思想层面与心态层面的问题，“通过疏导心理层面的问题来达到思想沟通引导作用”。[1] 由于需要处理的问题是人的精

① 佘双好：《从说理教育到心理疏导——思想政治教育方法的发展》，《思想理论教育导刊》2011 年第 7 期。

神、情感、心理等主观层面的问题，故而必须借鉴其他学科的知识和技能，才能有效解决各种复杂的主观问题。当前，网络空间已经成为社会舆论集聚的新场域，各种负面社会现象通过互联网集中披露出来。由于这些问题所带来的社会负面效应尚且停留在负面的情绪和心理状态上，还没有上升为价值观念的对立和冲突。因此，注重加强对各类网络参与主体的价值引导，促进每一位社会成员成为理性自洽的个体，成为全媒体时代思想政治教育过程的基本任务。

思想政治教育中价值引导得以开展的可能性建立在个体可以被教化的基础上。孟子从人性善的立足点出发，将道德规范概括为仁、义、礼、智四种。这四种道德规范分别对应着"恻隐之心""羞恶之心""恭敬之心""是非之心"，是人之为人的特性。正是对于完美人格的追求，驱使人们不断上进，并乐于积极解决自身存在的问题。以此为前提，也就形成了正确的世界观、人生观和价值观。就价值目标而言，思想政治教育的价值疏导符合个体对于完美人格的向往，强调通过对个体的情绪、心态和思想进行纠偏、疏导和疏通，可以有效舒缓并消除人的思想困惑和心理矛盾，为人的自由全面发展扫清障碍。就实践形式而言，思想政治教育的价值疏导是教育主客体之间的良好互动，教育主体在有效倾听教育客体思想困惑与思想矛盾的前提下，能够有效把握教育客体存在的思想认识问题，并有针对性地对其进行疏通和引导，使得施受者双方之间形成有效的互动。

4. 正视思想认识转化的反复性，促进个体认知与行为的辩证统一

思想政治教育过程是一个知行统一的过程，要求个体不仅在思想认识层面理解并认同社会要求，而且要在行动落实方面

主动践行社会要求。所谓知行统一，即是个体思想认识的内化和行为实践的外化相统一的过程。由于人的思想认识具有反复性特征，再加上社会要求的不断更新以及全媒体场域复杂信息生态的干扰，个体思想认识的内化和行为实践的外化也呈现出不断变化的周期波动状态。

人的思想认识转化具有反复性特征。对于同一个思想认识问题，由于生活情境差异，个体在不同时期对于这一问题的理解和感悟是不一致的。全媒体的全程传播格局更是加剧了这一现象，使得个体的思想认识反复进行内化和外化的转变。“知、情、意、信、行”是人的思想政治品德素质的五个基本要素，并且这五个要素在逻辑理路上具有逐次递进关系。其中，“知”即是认知，指个体对社会要求的思想政治品德规范及其意义的理解和掌握。“情”即是情感，指个体对社会要求以及对他人和自身行为的爱憎、好恶等情绪态度，是个体在进行思想政治道德判断时所引发的一种内心体验。“意”即是意志，指个体为实现社会期望的行为自觉实施的能动努力，包括通过理性权衡最终解决社会生活中的内心矛盾与支配行为的内在力量。“信”即是信念，指个体在认识和理解社会要求的思想政治品德规范的具体意涵之后，对其所产生的坚定信心以及坚决拥护。“行”即是行动，指个体在行动上对支持和维护思想政治品德规范所做出的行为反应，是其前期所形成的认知、情感、意志和信念在具体实践环节的外部行为表现。按照人的思想政治品德素质形成和发展规律来看，个体思想政治素质的形成和发展是思想内化和行为外化的辩证统一。在二者的逻辑关系方面，思想内化是行为外化的前提和基础，行为外化是个体思想政治品德素质是否真正形成的外在现实确证。

个体和社会都处于不断发展的运动状态，个体现实需要和利益诉求不断变化，社会发展期待和进步要求也在不断更新，因此，不存在一劳永逸的思想政治教育过程。思想政治教育过程永远处于常教常新的进行时状态，需要根据社会成员不断变化的现实需要和利益诉求，以及社会共同体不断更新的发展期待和进步要求恰当地调整具体的教育目标和实践要求。在多数情况下，个体不同时期的思想认识之间存在着联系，某一阶段的思想认识总是在前一阶段思想认识的基础上形成的。因此，不能把人的思想的“反复”看作一种无章可循的随机变化，而要根据其所处的具体情境洞察思想变化的原因。从人的行为发生角度来看，“得到鼓励或符合理想结果的行为将会重新出现”①。个体是社会共同体的一员，他们不仅在课堂上接受思想理论知识，而且也在社会生活中检验思想理论知识的科学性和有效性。如果社会生活中出现的负面现象和个体在课堂上以及全媒体场域中所接触到的知识内容相悖，就会使他们产生理解混乱和认知偏差，需要思想政治教育工作者及时进行思想引导，在纠正认知偏差的基础上实现行为转化。

（二）全息渗透态势下思想政治教育过程的技术影响规律

全媒体的第二个特性是“全息”媒体。在全息渗透态势下，人工智能、大数据、区块链等现代高新技术综合渗透到思想政治教育全过程。在全媒体场域中，思想政治教育过程的各个环节和各个领域之中都体现出明显的新技术特征，并由此呈现出各种技术化的表现形态，导致出现了新的思想政治教育景观。

---

① 黄希庭：《心理学导论》，北京：人民教育出版社，2007年，第66页。

1. 技术是承载价值观的中介，必须有选择地发挥全媒体技术优势

互联网成为社会的连接基础，以智能技术为代表的现代高新科技正在越来越多地介入教育要求的传播过程中。尽管社会要求是社会共同体对其成员的期望，在根本上受限于社会统治阶级的利益要求，但是当前全媒体技术对于社会要求传递效果的影响也不容小觑。思想政治教育过程在坚持社会要求导向的同时，还必须考虑到全媒体技术对社会要求传递效果的影响，并调控技术发展方向，使之对社会要求传递起到促进作用。归根结底，技术并非完全中立的存在物，总是承载着特定的情感、态度和价值观。技术由谁所开发和设计、为谁所操纵和利用，都会影响到信息内容的最终呈现状态，并直接对社会生活产生截然不同的影响。

一方面，技术发展对思想政治教育过程的发生和演进具有正面价值功能，为实现预期的教育目标提供了技术支撑。大数据、人工智能、虚拟现实、增强现实、区块链等技术综合介入思想政治教育过程中，促进实现预期的教育目标。算法推荐技术使分众化、个性化信息传播成为可能，有利于在根本上改变“千篇一律”式的集中教育缺陷，按照“私人定制”式的信息传播手段为社会成员量身打造符合他们需求偏好的教育内容。大数据的用户画像技术能够使教育主体更清晰、更准确地掌握教育客体的行为数据，并且大数据的数据呈现结果往往具有一定的规模保证，在整体上保证了数据分析的可靠性。智能技术参与到思想政治教育过程中，可以使教育主体从琐碎重复的日常工作事务中解脱出来，将更多时间和精力花在对教育客体的思想引领上。在这个意义上，人工智能重新塑造了理解个体思想与行为的新

方式，并逐渐构建起智能技术与思想政治教育的关联。[①] 虚拟现实和增强现实技术营造的"沉浸式体验"使教育客体身临其境，在逼真的教学场景中更容易产生对教学要求的深刻认识，并进一步转化为深刻认同。

另一方面，技术也存在着明显的弊端，在一定程度上阻碍思想政治教育目标的实现，需要加大对于技术的调控，使之符合思想政治教育过程的发展趋势。技术的发展是一把双刃剑，在推动社会发展的同时，也会随之产生一定的负面效应。以互联网为载体的全媒体技术在发展和演进过程中也出现了野蛮生长的现象。大数据的算法推荐技术代替人做决定，但它所推荐的信息很有可能不是人们真正想要接收的内容。算法推荐的"过滤气泡"不断重复地向人们推送同质化的信息内容，长此以往，将使人们处于"信息茧房"之中。随着思想观念的不断固化，一些缺乏独立思维和理性思考能力的个体可能会产生对其他社会群体的敌对情绪，进一步加重了社会价值观的分裂和对抗，不利于实现社会整合的预期目标。当前，智能技术只能根据预先的程序设计机械僵化地参与信息推送，对社会生活的干预缺乏灵活性。智能技术与思想政治教育的结合尚处于探索阶段的浅表层面，只能有限地改进和提高思想政治教育的作用。[②] 在这种情况下，对以互联网为基础的现代高新科技施加有目的、有计划和有组织的正面引导，并使之符合社会要求，成为思想政治教育过程现代化转型的必要环节。

---

① 常宴会：《人工智能在思想政治教育中的应用前景和价值前提探析》，《思想理论教育》2019 年第 8 期。

② 武东生、郝博炜：《思想政治教育有效利用人工智能的分析》，《马克思主义理论学科研究》2019 年第 3 期。

2. 根据个体的全媒体生存习惯，选择恰当生动的技术化教学手段

教育方法也是思想政治教育过程运行必不可少的一个重要中介。在全媒体场域中，教育方法对思想政治教育过程的发生、更替与演进具有重要影响。选择和使用不同的教育方法，将会产生不同的教育效果。因此，为了取得理想的教育效果，实现预期的教育目标，就必须科学地选择和使用教育方法，并且有针对性地进行教学方法的设计和组合。

全媒体时代，教育内容的传播存在着“好酒也怕巷子深”的现象。教育内容的质量固然重要，但是如果没有引人入胜的教育方法的协助，质量再好的教育内容也无法为教育客体所接受。生活在以互联网为基础连接的全媒体场域中，海量化的信息不断涌现，并且它们往往以各种各样的形式呈现出来，吸引和争夺人们有限的注意力。思想政治教育的内容信息如果不能从这场无声的注意力争夺战中取胜，就不能发挥教化人、感染人和引导人的教育功能。“想让人看，还得让人爱看。设置的议题再好、报道力度再大，如果受众不感兴趣，必然效果不彰。有铁的事实、好的道理，还得有耳目一新、引人入胜的表达。”[①]教育内容的有效传递除了凭借过硬的内容质量，还必须借助于教育客体喜闻乐见的教育方法，使之产生乐于接受教育的态度和行为，才有可能产生符合预期的教育效果。

在全媒体场域中，思想政治教育过程的有效实施尤其要注重选择和使用恰当合宜的教育方法。当前，线下生活世界和线

---

① 《习近平新闻思想讲义(2018 年版)》，北京：人民出版社、学习出版社，2018 年，第 85 页。

上生活世界相互交织，线上和线下教育方法的使用也不存在清晰的划分界限。需要强调的是，线上生活世界本身就是现实社会生活的组成部分，对二者作区分仅仅是为了更准确地了解和把握全媒体社会生活的基本特征。线下的教育方法渗透到线上思想政治教育过程中，同时，线上的教育方法也渗透到线下思想政治教育过程中。一方面，口头的理论灌输依然是思想政治教育的重要方式，以 MOOC 为主要形式的大规模开放在线课程将这一方法延伸到互联网空间中，促进教育形式向短小精悍的风格转变。另一方面，思想政治教育过程正在不断适应全媒体技术发展趋势，综合利用大数据、人工智能、虚拟现实、增强现实等技术，进一步加强教学方法的生动性、多样性、互动性和智能性，促进现代高新科技为新时代立德树人工作服务。总而言之，面对层出不穷的新技术和新现象，思想政治教育过程在保证思想理论正确性的同时，还要讲究教学方法的生动性，以活泼和时尚的方式呈现教育内容，使教育客体在全面掌握知识性和价值性的同时，也能感受到新的传播手段带来的视听享受。

3. 算法成为信息分发的决定因素，深刻重塑了教育内容的传播秩序

信息分发方式即信息传播方式，是思想政治教育过程展开的必要环节。教育内容实质上就是一种信息，只不过是承载着特定知识、情感、态度和价值观的信息，它们通过何种方式以及能否顺利传递给社会成员，是全媒体时代思想政治教育过程必须了解和解决的问题。在全媒体场域中，思想政治教育过程的信息分发与全媒体的全息渗透密切相关，算法推荐技术对于议程设置和社交分发的干预重新改写了教育内容的传播方式。

“推荐”成为思想政治教育过程信息分发的重要特征，主要

体现在信息分发手段和信息分发思维两个方面。第一，个性过滤、分众定制的信息分发手段。“过滤气泡”将海量的碎片化信息分类打包，有针对性地向用户推荐与其个人偏好高度匹配的信息。算法决定着用户能够接触到哪些信息以及他们对信息意义的理解。大数据基于用户浏览痕迹、检索记录、停留时间等行为数据的画像分析为分众定制信息提供了技术支撑，精细化的用户需求成为信息分发必须考虑的因素。主流媒体平台有目的地将关乎党和国家事业发展全局的权威新闻置顶，能够遏制算法技术野蛮生长造成的小众内容同质化现象，促进了主流意识形态的大众传播。第二，用户驱动的信息分发思维。在全媒体实践场域中，思想政治教育过程的信息分发是一个多元主体共享的行为过程，多级分发打破了以往信息传播的单级传者中心格局，个体的自主性得以前所未有地彰显。教育客体的身份角色和媒介权力发生了质变式逆转，传统意义上被动盲从的“受众”已经转变成主导内容消费的“用户”。用户驱动思维要求思想政治教育过程分发的信息既要符合人们的精神交往需求和现实利益诉求，又要契合人们的网络生存方式和社交习惯，重视制造完美的用户体验。但是，倘若一味趋从于用户需求，而一些用户又缺乏媒介素养和算法素养，就很有可能受困于算法推荐的固化信息，成为被算法控制的物化主体。因此，信息推荐分发也离不开有目的、有意识地正面思想价值引导。

按照信息推送逻辑划分，当前思想政治教育过程的信息分发方式主要包括以下三种类型：议程设置的编辑分发、以人为媒的社交分发和算法推荐的算法分发。在思想政治教育过程的信息分发中，上述三种方式相互融合、互为补充。其中，编辑分发能够结合实际情况设定信息取舍的价值标准，深度研判信息内容是否符合主流价值观要求，使教育内容的审核、评估与推送更具弹性。社交分发和算法分发则弥补了编辑分发数量有限的缺陷。智能算法技术介入社交信息流分发过程中，不仅能够精准识别用户的个性化需求，而且可以洞察与某一类用户相似的社群特征。大数据为社交过滤提供了具有人口统计学意义的数据指标，二次过滤优化了内容推荐质量，在提高用户信息生产和消费体验的同时也增强了网络圈群的用户黏性。总而言之，在算法驱动的全媒体信息分发格局下，三种信息分发方式的深度融合拓展了思想政治教育过程中信息分发的广度和深度。

4. 传媒载体以全媒体技术为支撑，逐渐融合其他类型的多元载体

教育载体的选择会影响到思想政治教育过程运行的形式和状态。在全媒体场域中，教育载体的选择和使用正处于线上线下相互融合的联动状态。相比而言，传媒载体的地位和作用越来越突出，已经演变成贯穿整个思想政治教育过程的基本载体。同时，随着互联网成为社会的连接基础，文化载体、管理载体以及活动载体等教育载体中，无一不折射出传媒载体的影子。

在全媒体场域中，要想保证思想政治教育过程的有效性，就不能把焦点仅仅汇聚在教育内容上，还需要关注承载内容的教育载体。载体变化对于思想政治教育过程的重塑可以借助麦克卢汉的观点来理解。根据麦克卢汉提出的“媒介即讯息”[①]观点，认为媒介不仅是承载和传递信息的工具，它本身就代表着不同的信息，并在深层次上对人们的思维方式产生重要影响。基于

① 马歇尔·麦克卢汉：《理解媒介：论人的延伸》，何道宽译，北京：商务印书馆，2001 年，第 33 页。

此，教育载体不仅是传递教育内容的工具，事实上，它本身也在不断重构着教育内容的具体内涵和呈现方式。整个社会生活领域的新旧媒体融合不断加快，思想政治教育过程也是如此。新旧媒体的融合不断影响并重构着思想政治教育过程的载体状态。以基于互联网技术的传媒载体为基础，各式各样的文化载体、活动载体和管理载体正在由单一作用状态转变为有机联结状态，在思想政治教育过程中协同发挥作用。

此外，面对互联网的非线性运行方式，重视不同教育载体之间的相互匹配和有效联结成为必然趋势。事实上，思想政治教育过程的载体一直就是在相互匹配的状态下共同发挥作用的。文化理念和价值观念必须依托特定的活动载体和管理载体才能表现出来，活动载体和管理载体必须依靠特定的文化底蕴，才能在表面形式之外彰显出内在的精气神。互联网的非线性运行方式在延续载体匹配联结的传统上，又进一步重塑了载体匹配联结的具体表现。一个最直接的变化就是，传媒载体不再是作为一种单一的载体形式存在于思想政治教育过程的某一阶段或某一环节，而是作为一种综合的载体形式贯穿于文化载体、活动载体和管理载体等其他全部载体之中。在这个意义上，新型的传媒载体是连接其他全部载体的纽带，通过技术融合不断实现线上和线下思想政治教育过程的有机融合。

（三）全员参与背景下思想政治教育过程的聚合作用规律

全媒体的第三个特性是"全员"媒体。在全员参与背景下，教育主体和教育客体共同参与到思想政治教育过程中，彼此之间能够实时进行交往和互动。这种去中心化的网状信息传播结构使得思想政治教育过程中的信息生产主体增加。网络关系链条上的每一个节点都是内容生产主体，从而使得全媒体时代的思想政治教育过程出现了多元主体的聚合作用规律。

1. 教育主客体能动地交往，并且教育客体的自主性获得显著提升

即使是虚拟的网络社群组织，亦是由一个又一个独立个体所组成，其行为主体依然是真实存在的人。教育主体和教育客体都是能动地参与到思想政治教育过程中，影响或制约着教育活动的实际效果。

一方面，教育主体能动地参与到全媒体时代思想政治教育过程中，并且在特定情境中主导着整个教育实践过程。全媒体改变了信息的生产和传播方式，使得网络社会中每个节点都可以成为信息源，并对他人的思想观念产生影响。在全媒体生活场域中，尽管教育主体的身份变得更加多元且易变，但不可否认的是，思想政治教育过程中依然存在着教育主体。那些具有较高的政治水平、先进的思想观念、崇高的道德品质和更高的媒介素养，能够在思想政治教育精神交往实践中对他人施加影响，并且最终实现教育目标的个体就是教育主体。在全媒体交往中，个体的角色和身份具有流动性。一个人在线下生活世界中是对他人施加影响的教育主体，到了线上生活世界中很有可能就成为接受他人影响的教育客体。因此，对于教育主体身份的把握只能限定于某一特定的具体情境中。根据这一前提设定，教育主体在其所处的具体情境中主导着思想政治教育过程的实际进程。

另一方面，在全媒体的全员参与背景下，教育客体也总是能动地参与教育交往实践，并始终发挥着主动作用。教育客体虽然是接受教育主体教育影响的一方，但这并不意味着他就是没

有主观能动性的完全被动者。相反，教育客体对于教育内容、教育方法的偏好等都会影响到教育主体的每一个教学决策和方案选择，并且这种影响贯穿于思想政治教育全过程。施拉姆曾就受众作用做过一个形象的比喻，认为他们参与信息传播的过程就好比是在自助餐厅就餐，信息的选择和接收取决于个人意愿和偏好。媒介的作用有限，只能尽可能多地为受众提供令他们满意的饭菜（讯息），至于受众吃还是不吃、爱吃什么、吃多少等全在于其自身意愿和偏好。在线上线下生活世界相互融合的全媒体场域中，人们对于媒介的选择和使用完全基于自身需求，并且他们对于媒介的积极参与和使用也制约着整个思想政治教育过程。大数据的算法推荐技术、人工智能的“沉浸式体验”以及新媒体传播的视觉化倾向，无一不说明了教育客体的意愿和偏好对思想政治教育过程具有能动作用。只有重视教育客体的意愿和偏好，根据教育客体需求科学地设计教育方案，才有可能实现预期的教育目标并取得理想的教育效果。

2.社会关系正在统合内容生产，多元主体共同参与内容生产过程

教育内容是思想政治教育过程运行不可或缺的重要中介之一。在分散的网络传播结构中，庞杂的内容生产主体共同参与思想政治教育过程，从多个方面综合改变了教育内容传播的权力支配体系。尽管如此，“内容为王”原则是全媒体时代教育内容生产和传播必须牢牢遵循的基本原则。这也是教育内容能够承载与传递社会主流价值观的前提条件。

在移动社交情境中，每一个节点都可以生产并发布信息，改变了传统媒介和受众之间的单向线性关系。每一个网民都掌控着一定的信息接收与处理方式，是信息“生产者”与“消费者”两

种角色相互融合的生产节点。这意味着教育主体的身份更加多元化，任何节点发布的信息都能影响他人，教育主体的身份被去权威化，草根亦可对他人施加影响。由多元内容生产主体集结成的信息聚合平台成为思想政治教育过程的外在形式主体。思想政治教育过程的内容生产方式正朝着人机协同化方向发展。大数据、人工智能等现代高新科技不断形塑着教育内容的生产方式，内容产品集音频、视频、图文、虚拟场景体验等于一体，充分延伸了人的感觉和认知。在全媒体的全员参与背景下，内容生产遵循着关系思维，知识性和价值性不再是用户关注教育内容的唯一目的。人们评论、点赞和转发信息内容，在很大程度上是为了建立与维系社交关系。社会关系逐渐统合内容生产，教育主客体之间的关系成为内容生产的决定因素。教育内容生产紧扣不同圈群的多样化需求，打造各式关系产品，从内容供给侧层面吸引并粘合了大量用户。

按照内容生产主体进行划分，全媒体时代思想政治教育过程的内容生产主要包括 UGC(用户生产内容)、PGC(专业生产内容)、OGC(职业生产内容)和 MGC(机器生产内容)四种模式。在媒体平台化发展趋势下，上述四种内容生产模式越来越趋于复合杂糅化，在思想政治教育过程的内容生产中共同发挥作用。其中，OGC 模式居于内容生产的核心地位，被用于生产最重要的头部内容，通过打造主流价值观教育的精品内容提高内容产品的知名度。PGC 模式被用于生产次要的腰部内容，通过保证内容质量取得竞争优势。UGC 模式具备充足的流量优势，被用于生产最广大的长尾内容。MGC 模式则成为上述三种模式的重要补充机制，并且随着智能媒体技术的日趋猛进而发挥越来越重要的作用。这种以 OGC 模式为主导、PGC 模式和 UGC 模式为辅助、MGC模式为补充的内容生产格局，既保证了思想政治教育实践活动的“风向标”和“定盘星”作用，又兼顾了教育对象的个性化、差异化需求，成为教育内容生产的新态势。

3. 个体的多元需求激增，必须满足他们多样化的生存与发展需要

互联网催生的科学技术革命不仅推动社会生产力发展，而且改变了社会交往方式，促进社会结构向新的形态转变。但是，不管社会生产力推动社会结构发生多大的变化，尊重个体的成长需求、满足个体的发展期待始终是思想政治教育的根本价值遵循。个体思想认识形成于其现实利益诉求，倘若忽视人的价值或者离开了人的需要，那么思想政治教育就丧失了存在与发展的根基。[①] 个体之所以需要接受思想政治教育，是由于思想政治教育能够满足人们在生存和发展过程中的基本需要。

首先，个体社会化需求。个体是生活在社会中的一员，但他并非生来就能适应社会生活，而是需要经过不断地社会化教育才能成长为合格的社会成员。思想政治教育能够促进个体在思想关系方面适应主流价值观要求，并以此为基础更好地适应和融入社会生活。因此，全媒体时代思想政治教育过程也是促进个体社会化的过程。通过有目的、有计划地教化和培育，个体不仅能够使用人工智能、5G、大数据等现代高新科技所营造的全新社会生活景观，而且能够有序参与线上线下融合社会的公共生活，按照社会所期望的道德规范、价值理念和政治要求约束自身行为，使得自己的思想和行动符合全媒体时代的社会发展要求。

① 杨威：《人为什么需要接受思想政治教育？——兼论思想政治教育的个体根源》，《思想教育研究》2015年第4期。

其次，精神交往需求。从个体的社会属性来看，人是社会性存在物，具有和他人进行精神交往的高级需求。从个体的自然属性来看，社会历史活动的主体是具有意识的人，人们总是在特定精神需求的推动下开展交往活动。在全媒体场域中，思想政治教育的精神交往实践既有同以往思想政治教育相一致的历史延续性，又具有体现新时代中国社会发展要求的新需求。在人民日益增长的美好生活需要驱动下，思想政治教育的精神交往与人民的美好生活需要紧密衔接，成为个体全面占有自身本质的重要途径。必须结合全媒体的传播优势，积极探索促进思想政治精神交往需求的有效路径，在满足个体全媒体生存需求的基础上，更好地满足全媒体场域中不同个体差异化、多样化、立体化的精神交往需求。

最后，自我实现需求。在《德意志意识形态》中，马克思和恩格斯按照由低级到高级的顺序，把人的需要依次划分为三个层次，即生存需要、享受需要和发展需要。在上述三个需要层次中，生存需要着眼于个体生命的维持，是个体存在的基础性需要；享受需要强调充分维持与保障个体的生存和生活，是个体存在的必要性需要；发展需要旨在实现个体的自我价值，是个体存在的根本性需要。个体的精神需要满足不是单凭自身力量就能实现，而是要靠在社会的集体交往中才能获得。思想政治教育是引导人们实现自身精神需要的基本手段，也是帮助人们实现自我实现需要的重要途径。人的需要总是不可避免地存在着个性化差异，因此，教育主体和相关决策者必须根据不同个体的现实需要和利益诉求，遵循网络社交的客观规律，不断调整教育内容和方法，以满足社会成员多样化的发展需求。

4.使自我教育成为内在自觉,加强多元参与主体的自主行为约束

自我教育是最好的教育,主张人们能够根据社会要求积极主动地提高自身的思想政治品德素质,并自觉修正自己的不当行为,在思想认识和行为实践上实现自我同一。对于教育客体而言,教育主体根据社会要求施加的教育影响是外因,而其自身的全面发展需要是内因。归根结底,思想政治教育过程的有效实施还得依靠个体自身才能彻底实现。基于此,根据社会要求不断进行自我教育,是保证预期的教育目标进入个体内在思想认知系统的必要环节和关键步骤。

和一般的知识教育实践不同,思想政治教育实践活动蕴含着特定的情感、态度和价值观,需要触及个体的内在认知系统,在与深层次的认知—情感单元发生交互作用之后才能最终转化为行为实践。思想认识的转化不单是一种外部嵌入的过程,更是个体内在精神世界不断调整的建构过程。在全媒体场域中,网络信息传播格局导致个体传播地位发生显著变化。在互联网的技术赋权趋势下,个体的自主权和自决权获得前所未有的提升,尤其需要发挥个体自我教育的价值,通过自觉能动地思想认识调整实现对社会要求的认同、支持和实践。教育的最高境界是达到叶圣陶先生所说的"教是为了不教",这与"授人以鱼不如授人以渔"讲的是同一个道理。在社会生活中,人们集中接受教育的时间有限,只是在特定的年龄阶段中接受来自教师的知识、情感、态度和价值观教育,而其他更多的思想政治教育活动则是在社会环境潜移默化的作用中发生的。因此,除了要教给教育对象基本的知识内容,教师还要注重培养和塑造学生的自主学习能力,使他们能够在社会生活中自主地运用马克思主义观点

和方法分析与解决问题。

在开放性、复杂性和多元性等特征相互交织的全媒体场域中，提升社会成员的自我教育能力显得尤为重要。一方面，全媒体拓展了个体的信息接收渠道和知识接触面，为开展自我教育提供了坚实的思想基础和可靠的技术保障。全媒体的开放式信息传播使个体的民主意识、参与意识、公平意识和法治意识逐渐提升，促使他们更加自觉地接受思想政治教育的教化和熏陶。另一方面，网络信息质量良莠不齐，更加需要个体具有理性甄别和选择信息的能力。在海量化的网络信息中，积极向上与低俗有害的信息内容相互掺杂，个体必须在施教主体的正面教育影响下不断进行自我教育，从而才能有效过滤并正确选择出积极向上的信息内容。

（四）全效融合状态下思想政治教育过程的联动协同规律

全媒体的第四个特性是“全效”媒体。在全效融合状态下，各种教育资源、各方教育力量和各类教学管理形式都有机融合在一起，通过联动发挥协同作用合力，促使思想政治教育过程的实际效能获得了显著提升。“全效”不止强调整个思想政治教育过程的功能全面，还强调思想政治教育过程发挥功能的速度快、效率高。全媒体时代，线上和线下思想政治教育过程的组织管理渠道正在相互融合，并且它们的教育效能也正在融合。从二者关系来看，组织管理的渠道融合仅仅是手段，而教育效能的融合与提升才是思想政治教育过程全效融合的根本目的。

1. 加强全媒体场域的价值引领，统摄与引领社会成员的思想共识

在全媒体场域中，思想政治教育过程不仅要遵循现代通信、

大数据、人工智能等技术的发展逻辑，更要遵循新时代国家和社会发展的价值逻辑。

一方面，作为一种特殊的精神交往实践，全媒体场域中的思想政治教育过程也具有鲜明的意识形态性。价值是在主体与客体、自然与社会之间复杂的关系产生后才出现的，[①]并且个体之间由于利益诉求差异，总是存在着价值观的不同。为了实现预期的教育目标，需要围绕着一个统一的方向来开展思想政治教育实践，从整体与部分、部分与部分、整体与外部环境之间的相互联系和相互制约关系中推进思想政治教育过程的各个环节、各个方面朝着同一方向发展。“思想政治教育具有鲜明的意识形态性”，[②]“一旦脱离政治性的内核，便意味着让渡了自身存在的价值与意义”[③]。思想政治教育过程存在的正当性与合理性依据来源于它所属的事业、所服务的目标。现阶段，我国思想政治教育所属的事业即是新时代中国特色社会主义伟大事业，所服务的目标即是中国特色社会主义现代化强国建设目标。这一根本目标对于全媒体时代思想政治教育过程具有整体上的统摄作用，要求它的每个环节、每个步骤和每个方面都要致力于促进实现全体社会成员心往一处想、劲往一处使，不断为实现中华民族伟大复兴积蓄起磅礴的精神力量。

另一方面，全媒体时代的思想政治教育是一项科学的实践活动，具有清晰的实践方向和完整的实践步骤。思想政治教育过程的发生、开展和完结是一项有机的系统工程。为此，需要一

---

① 张澍军：《德育哲学引论》，北京：中国社会科学出版社，2008 年，第 195 页。

② 陈万柏：《思想政治教育学原理》，北京：中国人民大学出版社，2012 年，第 46 页。

③ 项敬尧：《论坚定思想政治教育政治性的三重向度》，《教学与研究》2019 年第 2 期。

种存在物能够在整体上把握思想政治教育过程的发展方向，并在思想统摄作用下驱动社会成员形成社会共识。这种存在物就是社会要求，它在整体上为人们的思想政治品德发展指明了方向，使人们的思想政治品德素质发展有了明确的参照标准，也为思想政治教育过程的调节确定了价值要求。同时，思想政治教育的意识形态性决定了思想政治教育过程必定要根据新时代国家和社会发展的预期目标，培养合格可靠的建设者和接班人。在思想政治教育过程中，教育主体是社会统治阶级的代言人，也是社会要求的传递者，始终代表着社会向教育客体提出思想政治品德素质的发展要求，促使教育对象的思想政治品德素质水平朝着符合社会发展期望的方向更替和演进。教育主体在社会要求的指导下，结合教育客体的客观实际情况，帮助教育客体提高思想政治品德素质，促使其不断向符合社会要求的方向进步。教育主体能够根据社会要求和人的思想政治品德形成规律，能动地选择恰当的教育内容、教育方法和教育载体，指引着社会成员不断超越现有自我，向符合社会期望的理想自我不断发展。

2. 在全媒体的一体化发展趋势下，促进实现各类资源的共享融通

思想政治教育过程的发生和推进必须遵循互联网规律，具备互联网思维。关于思想政治教育过程资源要素的整合，可以从整体的纵向和横向两个维度进行理解和把握，分别体现了思想政治教育过程资源要素整合的深度和广度。

在纵向维度，强调各类资源要素分配和使用的有效衔接，大中小学思想政治理论课一体化建设就是资源要素纵向协同的典型表现。根据个体成长的身心特点及其接受教育的层次轨迹来看，大中小学思想政治理论课一体化其实就是强调实现社会成

员不同成长阶段思想政治品德素质提升的有机衔接。通过各学段思想政治理论课的纵向一体化，实现社会成员在不同成长阶段渐序提升的思想政治品德培养目标。“既要体现各学段的整体规划和有效衔接，又要体现不同学段的特点，使大中小学思政课的开设循序渐进、螺旋上升。”①各学段思想政治教育资源要素的分配和使用应该在整体上进行统筹设计，并实现不同学段教育资源的有效衔接。各个学段的教育目标、内容以及形式等都要体现出关联性和层次性，在同步整体推进的基础上真正实现有效衔接。

在横向维度，强调各类资源和要素协同作用，实现目标、内容、技术、渠道、平台和功能的有机融合。在“大宣传”工作理念指导下，思想政治教育逐渐由“单一作战”状态转变为“联合作战”状态，正在加快实现和行政管理、行业管理以及社会管理的有机融合。思想政治教育过程的管理结构正在发生质变，由以往自上而下的金字塔型结构转变为主体多元并且地位平等的网状结构，资源和要素的聚集也由传统的集体分配转变为现在的平台集聚，强调采用团队化、产品化的方式进行思想政治教育过程的组织和管理活动。为了最大限度地发挥各方资源和要素的协同作用，需要尽快实现线上和线下思想政治教育过程的有机融合。现如今，思想政治教育过程更加注重一体化发展理念，强调打造一支思想政治品德素质过硬且媒介素养和数据素养突出的全媒体人才队伍，在此基础上才能进一步实现线上线下教育内容、技术应用和平台终端的共享融通。共同的教育目标为线

① 石书臣：《关于大中小学思想政治理论课教师队伍一体化建设的思考》，《思想理论教育》2019年第11期。

上和线下思想政治教育过程的有机融合奠定了价值基础，而全媒体提供的新技术支撑则促进了思想理论知识和社会主义核心价值观的多样化展示和多介质推送。

3.正确认识意识形态工作的科学性，做到“时度效”的有机统一

思想政治工作是一门科学，必须按照规律办事。“时度效”是检验思想政治工作水平的标尺。在全媒体场域中，新的信息传播态势和社会舆论生态要求教育主体能够精准把握教育时机和教育节奏，准确领会教育力度和教育分寸，讲求思想政治教育的效果和实效，并在整体上做到“时度效”的有机统一。

第一，“时”就是时机和节奏。在全媒体场域中，精准把握教育时机和教育节奏，在合适的时间节点有针对性地开展教育活动，对于取得良好的教育实效具有至关重要的作用。传播学的“首发效应”认为，受众往往会对首发信息形成“第一印象”，即根据他们最先接触到的信息先入为主地认识和分析事物，而后再要调整和改变他们的认识就不是一件简单的事情了。为此，教育主体需要在保证客观性和真实性的基础上，及时回应教育客体对思想理论和社会热点问题的关切，确保在大是大非问题上做到首发定调，掌握社会热点问题的第一解释权，避免在教育客体情感、态度和价值观形成的关键时刻出现“失语”或“缺位”现象。除了对速度的关注，思想政治教育过程的时机把握更加强调在合适的时间采取恰当的方式进行教育，同样的教育内容，如果教育主体能够选择在一些恰当的时间节点传播出去，往往会起到事半功倍的效果。

第二，“度”就是力度和分寸。准确领会思想政治教育的力度和分寸，准确把握好思想政治教育的正面思想引领基调，审慎

选择并科学设计教育内容，根据实际情况，恰如其分地掌握教育密度和教育尺度，是思想政治教育工作者必须熟练掌握和时常使用的基本功。和新闻内容传播一样，思想政治教育的内容传播也不能违背“全面”“客观”的基本原则。但是，“全面”“客观”并不是大肆宣扬社会阴暗面的挡箭牌，也不是随心所欲地不讲立场和原则的借口。教育主体要把握好分寸，客观全面地回应教育客体关注的思想理论和社会热点问题，避免出现情绪化判断或者极端化表达，力争做到理论和现实的统一、现象和本质的统一。

第三，“效”就是效果和实效。在思想政治教育过程中，讲求思想政治教育的效果和实效，将追求实效性作为一切教育活动的出发点和落脚点，对于实现预期的教育目标来说至关重要。总体而言，提高教育实效的一个重要原则就是坚持问题导向，根据不同群体的实际需求，有层次、有区别地开展教育活动，以现实中不断出现的问题为立足点，围绕具体问题解决教育客体的思想理论困惑，增强思想理论的说服力。提高思想政治教育过程的实效性，不仅要解决“说什么”的问题，还要着力解决好“怎么说”的问题。这就涉及开展思想政治教育的艺术和技巧。教育内容传播必须适应互联网发展趋势，创新教育形式和手段，采用教育客体喜闻乐见并易于接受的方式方法，增强思想政治教育的吸引力和感染力。

面对社会生活全面网络化和信息化的全媒体传播态势，要求教育主体能够在整体上把握“时度效”，进一步开掘思想价值引领的深度。然而，把握“时度效”的能力并不是一件简单的事情，需要教育主体具备过硬的思想政治品德素质。这种能力也并非一朝一夕就能形成，需要在长期实践中不断习得与累积而成。

4. 在日常生活的媒介化趋势下，“把关”隐性地存在于服务活动中

思想政治教育过程中的“把关”更多地强调对社会成员的思想引领，以及由此所引申出来的教育内容筛选和把关、教育方法选择和创新、教育载体匹配和衔接等。在全媒体场域中，施教主体对于社会成员的思想引领不是直接地采取命令式干预，而是通过更好地服务于社会成员的成长成才，使其产生对社会要求的思想认识、政治理念和道德品质的认可和认同。一言以蔽之，“把关”隐性地存在于社会生活的各类服务活动中，并通过服务活动得以巩固和实施。

在互联网的“技术平权”和“技术赋权”趋势下，传统自上而下的金字塔型组织管理模式发生显著变化，正在逐渐向多点并存的分散式网状管理模式转型。人们的自主意识和自主能力愈发凸显，可以不再通过“把关人”的审核，直接在网络空间中搜索信息或发布观点。面对这种新的信息传播格局以及个体传播权力的新变化，思想政治教育过程的把关功能变得更为隐蔽，需要进一步借助服务功能才能得以实现。从实施策略角度来看，思想政治教育的思想引领在宏观的社会生活中是旗帜鲜明的正面宣传，但是在微观的个人日常生活中更多的是润物无声的隐性教育。全媒体在社会生活中的介入和渗透已经无处不在、无时不在，为思想政治教育更好地服务于社会成员的精神成长和需求满足创造了条件。现阶段，校园综合智慧服务平台、基层党建信息化工作服务平台等信息化服务载体在方便人们办事流程的同时，也保留了和他们生活相关的全部数据信息。在大数据挖掘技术的帮助下，思想政治教育的相关决策者和决策机构能够在整体上实时把握社会成员的思想动态、生活状态甚至是精神需求，并据此采用恰当的教育途径。

在思想政治教育过程中运用互联网思维和大数据思维，需要统筹整体把控和分类实施的关系。在社会生活的各个领域构建信息资源数据库，通过大数据平台有效集成社会成员的静态信息和动态信息。思想政治教育的相关决策者和决策机构可以通过大数据技术全方位、多层级地掌握社会成员的各类思想和行为动态，在关注到各类不同群体思想和行为动态的同时，也能掌握不同教育对象的思想和行为动态，为有针对性地实现分众化和个性化的思想引领创造了条件。

三、遵循全媒体时代思想政治教育过程规律的实践进路

（一）确立互联网思维，推进思想政治教育过程的媒介化转型

在全媒体时代，思想政治教育过程的媒介化转型，不仅是媒体融合发展的必然产物，也是思想政治教育现代化转型的重要体现。推进思想政治教育过程的媒介化转型，就是在尊重互联网规律的基础上开展教育活动，使互联网思维贯穿思想政治教育发生和演进的全过程，促进互联网更好地为思想政治教育所用。

1. 尊重人机融合发展趋势，根据个体的全媒体生存方式调整教育策略

全媒体的碎片化信息传播不仅改变了教育对象的信息接收方式，还改变了他们的认知思维。教育客体从互联网中挖掘有

意义的信息碎片，不断进行信息的加工和重组。[①] 人们对于信息的获取呈现出接收时间的不连续性、信息内容的离散性以及需求选择的个性化等特征。人们对于世界的认知也逐渐侧重于对局部重点的关注，而不是以整体思维看待、分析与解决问题。然而，碎片化思维方式会使人们陷入以点概面、以偏概全的认识误区，由此造成思想认识的偏激化。如何根据这一新的认知思维习惯，多层次多侧面地还原事实真相，有所侧重地加强对社会成员的思想价值引领，是全媒体场域中思想政治教育不可回避的问题。

2. 结合全媒体传播优势，不断重塑各个构成要素之间的相互作用关系

全媒体场域作为外部因素发挥正面推动作用的前提是，它的技术特征和功能能够为人所认识并为人所利用。教育主体需要具备一定的媒介素养，既能使用大数据有针对性地开展教育活动，又能及时传递符合教育对象需求的教育内容。要能够把互联网内容和教育客体有效地匹配起来，并选择恰当的方式将教育信息传递给教育客体。教育主体还要意识到，教育客体喜欢的内容并非都是正确的，不能一味地迎合教育客体的偏好而丧失教育原则，应该摒弃泛生活化、泛娱乐化或者完全去政治化的传播方式。要注意防止出现教育主客体对教育内容的审美疲劳现象。不仅教育客体可能会对教育内容产生审美疲劳，而且教育主体也有可能会对教育内容产生审美疲劳。教育主体要根据不断发展的社会要求和时刻更新的社会现象调整教学内容，在常研常新的基础上力争做到常教常新。

① 王承博、李小平、赵丰年等：《大数据时代碎片化学习研究》，《电化教育研究》2015 年第 10 期。

(二)适应新技术特征,构建思想政治教育过程的新型交往关系

思想政治教育过程的主体是人,出发点和落脚点也是人。随着互联网技术对人本身以及人与人之间交往关系的调整与重构,思想政治教育过程的交往关系也出现了一系列新变化与新表征。为了适应全媒体传播格局下现代高新科技的融合发展状态,必须重新建构符合新技术逻辑的思想政治教育过程交往关系。

1. 坚持双向平等互动原则,化解教育主客体身份流动造成的不确定性

技术赋权进一步促进了教育主客体双方的平等互动趋势,并使之呈现出非线性特征。思想政治教育过程具有非线性特征,意味着实际运行状况并不一定会按照教育主体预先规划好的方向发展,而总是出现超出预期的突发性和不确定性因素,使思想政治教育过程不再能够完全置于教育主体的严格把控之中。在全媒体场域中,教育客体不是完全被动地接收教育主体传递的内容。他们可以自主地选择信息接收的时间和地点,并酌情调整信息接收的形式(文字、图片、音频、视频等)和方式(重播、快进、暂停、回放等)。思想政治教育过程的信息生产和传播始终处于不断生成的进行时状态,教育主客体的角色也处于不断变化状态。可以说,基于相互平等的双向互动是一切教育活动发生和演进的重要条件。

2. 充分利用现代高新科技,打造适应新时代个体需要的优质交往条件

全媒体时代是一个现代高新科技蓬勃发展的时代。人们通常把由互联网技术变革所带来的社会生活新阶段称之为“互联网时代”。当前,互联网成为社会的基础设施,社会生活的各领

域各方面各环节无不体现出信息化特征。思想政治教育过程的发生、更替和演进必须契合全媒体的技术逻辑，在尊重互联网规律的基础上更好地发挥思想价值引领作用。在具体的实践指向上，在思想政治教育过程中体现互联网思维即是指充分利用现代高新科技，创新思想政治教育过程的各要素，使教育内容、教育方法和教育载体符合个体的网络化生存习惯。在全媒体场域中，社会交往无时无刻不体现出现代高新科技渗透，要求思想政治教育的交往条件必须适应这一新的发展趋势，以新技术发展要求重塑自身的存在与更替形态。

（三）坚持价值导向性，发挥思想政治教育过程的融合育人优势

无论技术发展到多么成熟的程度，坚持正确的价值导向始终是思想政治教育过程发展的内在要求。即使互联网已经全面渗透到思想政治教育过程中，价值导向性仍然是思想政治教育的本质特征。借助全媒体的技术优势，思想政治教育的各方力量和各种资源能够充分汇集到一起，更好地发挥融合育人优势。

1. 坚持求知与修德相统一，利用全媒体促进实现全员全过程全方位育人

思想政治教育过程要处理好知识性和价值性的关系。思想政治教育过程是知识、情感、态度和价值观的有机统一，求知和修德都是思想政治教育过程的组成部分，并且二者统一。思想理论知识是传达符合社会期望的情感、态度和价值观的基本载体，而情感、态度和价值观则是思想理论知识的内在旨趣。既不能简单地把思想政治教育视为一般的知识教育活动，也不能脱离现实空洞地强调它的价值属性。利用全媒体促进思想政治教育过程的融合创新，强调的是教育内容生产、呈现和传播方式的

创新，教育内容本身所蕴含的情感、态度和价值观始终如一。

2.协同发挥线上线下作用，促进各方教育力量同向生成教育影响合力

根据实践场域，可以从线上和线下两个场域理解思想政治教育过程的影响。构建线上线下思想政治教育的育人合力，需要有目的、有计划、有组织地把教育活动延伸至网络空间，统筹线上线下两个场域中的教育活动，使之形成互为确证性、补充性和一致性。倘若线上线下思想政治教育过程相互矛盾，会导致个体的思想认知混沌，不仅无法凝聚教育合力，还会消解个体原先的正面思想认识。面对网络中的多元主体参与，一种“合伙人”式的平台型组织模式正在形成，强调在技术赋权基础上使个体以“合伙人”的身份参与思想政治教育过程，充分激发多元主体在思想政治教育中的主动性。

（四）加强综合化管理，提升思想政治教育过程的实际治理效能

全媒体时代，思想政治教育的管理过程也越来越体现出明显的互联网思维。资源一体化、平台聚合化等综合化发展趋势已经成为思想政治教育管理过程的基本特征。从长远角度来看，加强思想政治教育过程的综合化管理，不仅是新技术革命发展的必然趋势，也是提升思想政治教育过程优势与效能的必要路径。

1.加强对于效能的预测、评估和优化，最大限度地发挥立德树人效能

思想政治教育旨在根据社会要求教化、培养和塑造社会成员，使之成长为符合社会发展需要的可靠建设者和接班人。为了保证实现这一目的，需要在对教育效能的预测、评估和反馈的基础上，及时调整教育理念或实践要求，不断优化教育效能，使

之符合社会和个体的发展需要。一方面，预测和评估教育效能是事前环节，直接目的是把握个体全媒体生存和发展的各种现实需要，规避思想政治教育过程中可能出现的各种风险，最大限度地发挥思想政治教育的育人效能。另一方面，效能优化则是实现预期教育目标的必要环节，目的是持续提高思想政治教育的有效性。现阶段，思想政治教育效能的预测、评估和优化离不开大数据技术的支撑。预测和评估的模式“从被动的‘后觉后知’决策管理、验证性分析转向基于大数据的前瞻性预决策优化管理”①，从而实现新技术驱动下思想政治教育的效能优化。

2. 搭建资源聚合型管理平台，实现多元教育管理方式的高效融合创新

全媒体时代，思想政治教育的教育管理活动实现了全程连接，各个教育管理环节衔接在一起，有利于各种教育资源的对接与整合。线上线下思想政治教育过程融合不仅是教育手段融合，也是教育理念、教育目标、教育形式和教育功能的融合。从线上线下思想政治教育过程相对独立，再到如今的深度融合，全媒体不仅重塑了思想政治教育的管理和实施手段，更加重塑了思想政治教育的教育管理理念。从“把关”到“引导”的管理理念转变，意味着思想政治教育的管理活动正在由“管理”阶段过渡到更加完善的“治理”阶段。各种社会力量和社会资源都被调动起来，共同参与思想政治教育过程。思想政治教育过程的效能一体化格局也正在形成，体现了管理方式融合对思想政治教育创新发展的资源聚合优势。

---

① 范如国：《公共管理研究基于大数据与社会计算的方法论革命》，《中国社会科学》2018 年第 9 期。

结语:全媒体的发展态势与思想政治教育过程的未来走向

技术发展的脚步永不停息,思想政治教育过程与新一代信息科技成果融合发展的脚步也永不停止。伴随着数字智能技术带来的媒体融合发展趋势,思想政治教育过程媒介化转型正在向纵深发展。如何有序推进思想政治教育过程深度媒介化发展,是未来思想政治教育过程创新发展必须回应的问题。

一、深融致远:思想政治教育过程的深度媒介化发展趋势

人类生活与科技密切相关。那么,科技究竟是什么?它是如何改变人类生活的?凯文·凯利指出,科技“不是静态事物,而是动态过程”①。回溯人类科技发展史,技术发展的脚步永不止步。一切科技形态都是在一代代人发明探索的基础上累积而成的。当技术发展积累到一定程度以后,就会发生重大技术变革,并带来社会生活新变化。科技的力量势不可挡,但它给社会生活带来的变革又不是简单地以“好的”或“坏的”就能描述清楚的。人们对于智能手机所持有的爱恨交加态度足以说明这一

---

① 凯文·凯利:《科技想要什么》,熊祥译,北京:中信出版社,2011年,第41页。

点。无论人们采取何种态度看待科技,没有人可以否认或拒绝技术向前发展的趋势。在这种情况下,我们又该如何处理好科技与人类生活的关系?凯文·凯利给出了一个很好的建议:将技术元素更好地融入人类生活。

随着媒体融合由“相加”向“相融”阶段过渡,主流媒体开展了许多主动求变的新探索。2017 年年底,新华社发布了中国首个媒体智能平台“媒体大脑”,正式探索打造机器智能生产新闻的 MGC 模式。2018 年俄罗斯世界杯期间,经过完善的“媒体大脑 2.0”正式上线。由 MGC 与 AI 融合而成的“MAGIC”智能平台一经亮相就惊艳世界。在比赛持续的一个月内,该平台对赛况进行分析,先后生成了三万多条短视频新闻,用户播放量高达一亿多次。这些实践充分表明,智能化、平台化、移动化与社交化是未来媒体深度融合发展的主要趋势,互联网、大数据和人工智能技术的融合发展将对人类生活产生整体性影响。

面对全媒体发展所催生的经济社会新形态,思想政治教育过程向深度媒介化方向过渡是大势所趋。“当代中国正经历着我国历史上最为广泛而深刻的社会变革,也正在进行着人类历史上最为宏大而独特的实践创新。”[①]数字智能技术不仅重塑了教育主客体的交往样态,还改变了教育内容、方法和载体的呈现样态。教育主客体的信息认知越来越立体化、多样性,教育内容生产和传播过程也越来越自动化、规模化。这些新变化、新特征和新趋势都倒逼思想政治教育的理论研究和实践探索适时创新,否则就无法适应思想政治教育的发展要求。在理论创新层

① 习近平:《在哲学社会科学工作座谈会上的讲话》,《人民日报》2016 年 5 月 19 日,第 2 版。

面，积极建构思想政治教育深度媒介化发展的研究体系。“哲学社会科学创新的动力大致有三个方面：社会的发展和进步、理论自身的矛盾和主体的自我反思。”[①]全媒体变革促使学界在学理层面重新审视思想政治教育过程理论的适用性，逐渐建构起指导符合全媒体场域特征的思想政治教育过程理论体系。在实践创新层面，不断开创思想政治教育深度媒介化发展的新境界。全媒体打破了区域、行业、学科等限制，使社会生活成为一个相互联系、相互制约的综合性系统。未来，这种多元渗透的综合化发展趋势会越来越明显。尼葛洛庞蒂曾说：“预测未来的最好办法是把它创造出来。”[②]只要走好当下融合发展的每一步，加强决策、引导与治理，就能推动思想政治教育过程持续有序地向深度媒介化发展。

二、要处理好“破”与“立”的关系

任何事物的发展、演进与更替都是在扬弃自身现有状态的基础上实现的。全媒体时代思想政治教育过程发展必然要否定自身现有的某些要素，重新确立起符合全媒体发展趋势的新要素。因此，全媒体时代思想政治教育过程发展首先要处理好“破”与“立”的关系。

古语有云：“不破不立，先破后立。”根据事物运动、变化和发展的客观规律，“破”是“立”的前提和基础，“破”总要先于“立”而发生。没有经历“破”的环节，就无法达到“立”的质变阶段。我们必须正确认识并科学把握“破”与“立”之间的内在联系，才能

---

① 汪信砚：《哲学社会科学创新论》，北京：中国社会科学出版社，2014年，第96-97页。

② 尼葛洛庞蒂：《数字化生存》，胡泳等译，海口：海南出版社，1996年，第3页。

在媒体融合的接力赛中开创思想政治教育媒介化转型的新局面。纵观思想政治教育发展历程,思想政治教育理念、思维、手段和渠道的每一次创新都不乏质疑的声音。当新事物出现并开始介入思想政治教育过程时,人们总是在实践中不断认识与调整自己对新事物的态度,并重新审视它与思想政治教育发展的内在联系。以互联网为例,在互联网发展初期,它仅是作为辅助思想政治教育的工具而存在,其功能仅局限于查找和发送资料。在媒体融合初期,随着“互联网+教育”潮流的兴起,人们开始有意识地把互联网与思想政治教育结合起来。尽管此时二者的融合仍局限在形式层面,但却是对以往单纯把互联网视为工具这一观点的修正。到了全媒体时代,互联网成为社会基础设施,人们不再满足于把互联网与思想政治教育简单结合,而是着力探索将互联网与思想政治教育深度融合的路径。可以说,思想政治教育的每一次创新都离不开对前一阶段的否定,思想政治教育的深度媒介化发展亦是一项承前启后的接力赛。

在媒体融合纵深发展趋势下,社会的组织结构、管理模式、互动形式等正在发生前所未有的变化,深刻改变了思想政治教育过程的基本形态。社会组织结构由自上而下的金字塔型结构转变为去中心化的网状结构,管理模式由高度集权的科层制模式转变为资源集约的平台型模式,互动形式由单向单一的接受型互动转变为多向多元的参与型互动。用户思维逐渐取代传者思维,亦成为思想政治教育的基本思维方式。沉浸式体验、参与式传播等全媒体效能在思想政治教育过程中愈发凸显。面对这些前所未有的新变化、新形式和新样态,思想政治教育过程不能因循守旧。明知与时俱进、创新发展的必要性,面对创新发展的条件和机遇却无动于衷,这一做法属于典型的“破”而不“立”,不利于实现思想政治教育过程的媒介化转型。正确的做法是，主动顺应全媒体发展态势并充分利用全媒体技术优势，以媒体融合向纵深发展为契机，积极把握并抓住思想政治教育过程媒介化转型的重要机遇。

三、要处理好“道”与“术”的关系

在深度媒介化发展进程中，思想政治教育必须始终坚守思想政治引领这一根本价值要求，将立德树人目标融入自身转型的全过程。同时，思想政治教育过程也是一项具有客观行动规律的科学教育实践，必须根据不断变化的全媒体环境及时作出调整。

“道”与“术”是一对相偎相依的哲学概念。“道”强调价值理性，表明思想政治教育过程是一项具有特定价值目标的实践活动。“术”强调工具理性，表明思想政治教育过程能够产生特定的教育功能。要想实现这一功能，必须根据现实条件变化及时作出调整，采用符合个体接受偏好以及新技术发展要求的教学与传播手段。“道”与“术”是思想政治教育过程不可分割的两个方面，“道”是具有指导意义并且规定思想政治教育过程本质属性的根本价值要求，而“术”则是进一步落实“道”的各项要求并且使思想政治教育过程持续有序运行的实施策略和方法技巧。“道”与“术”相互依存，彼此共生。没有“道”的指导，“术”的发展就要失去目标和方向，甚至陷入野蛮生长的失序状态。没有“术”的保障，“道”也只能停留在对未来美好预期的思维状态，不能变为现实。思想政治教育过程是“道与术的统一体”[①],遵循着价值性与功能性相统一的复合逻辑。全媒体时代思想政治教育过程发展要处理好“道”与“术”的关系,就是强调要坚持价值性和功能性的有机统一。

媒体融合在向纵深发展,思想政治教育过程的“道”与“术”也要作出调整。一方面,“道”的调整要与中国特色社会主义现代化强国建设的宏伟目标相契合。思想政治教育过程的深度媒介化发展并不意味着它的价值性将要被技术性所取代,一旦脱离价值性的内核,就“意味着让渡了自身存在的价值与意义”[②]。思想政治教育过程的深度媒介化发展旨在借助全媒体的技术优势,更好地发挥意识形态引领功能。意识形态性是思想政治教育价值性的本质表征,“主要任务就是对社会成员进行社会主导意识形态的灌输与教化”[③]。社会主义意识形态在不同历史时期的具体内容各不相同。当前,要从新时代中国特色社会主义伟大事业中找到全媒体时代思想政治教育过程发展的正当性与合理性依据,以推进实现中国特色社会主义现代化强国建设目标为参照,及时调整思想政治教育之“道”的具体内容。

另一方面,“术”的调整要与媒体融合纵深发展趋势相适应。思想政治教育过程本身是个完整的系统,思想政治教育过程的运行也是一项系统工程,而打造深度融合的全媒体则是有序推进并落实这项工程的关键所在。当前,媒介不仅是连接互联网

---

① 刘建军、曹一建:《思想理论教育原理新探》,北京:高等教育出版社,2006年,第28页。

② 项敬尧:《论坚定思想政治教育政治性的三重向度》,《教学与研究》2019年第2期。

③ 陈万柏:《思想政治教育学原理》,北京:中国人民大学出版社,2012年,第46页。

用户的技术平台纽带，还全面规制着技术平台中的社会交往逻辑，深刻改变了生产生活方式和社会交往方式。面对媒体融合向纵深发展所带来的诸多变革，思想政治教育的“术”不能一成不变，而要积极创新。“要运用新媒体新技术使工作活起来，推动思想政治工作传统优势同信息技术高度融合。”[①]思想政治教育过程发展要在以“道”御“术”的基础上积极探索适应互联网规律的新方式新方法，抓住全媒体发展机遇，顺利实现自身的媒介化转型。

四、要处理好“法”与“器”的关系

在国家治理体系和治理能力现代化建设进程中，思想政治教育的治理现代化是一项必不可少的环节。思想政治教育过程的深度媒介化发展是思想政治教育治理现代化的重要表现，需要制度约束作为基本的保障举措。

“法”是指法治思维，强调利用法律制度惩处那些越过法律红线的不良行为。“器”则是指人、才、物等基本的物质资源，强调采用科学的管理方法最大限度地发挥不同资源的效用。“法”与“器”是事物管理思维在两个层面上的体现，前者更加强调管理的底线思维，主张以惩罚来约束行为；而后者更加强调管理的系统思维，主张协同发挥不同要素的作用，并在最大限度上形成作用合力。全媒体时代思想政治教育过程发展需要树立法治思维，利用强制性的法律制度惩处思想政治教育过程媒介化转型进程中出现的违法现象。伴随着媒体融合进程的加快，各类新

① 习近平:《在全国高校思想政治工作会议上的讲话》,《光明日报》2016 年 12 月 9 日,第 1 版。

媒体井喷式涌现,大大拓展了人们表达观点的渠道。人们在社交媒体上表达自己对于某种社会现象的看法,其中不乏一些别有用心者故意散布谣言并趁机制造混乱,扰乱正常的社会公共秩序。当大量真假难辨的信息汇聚在一起并引发观点交锋时,直接加剧了舆情控制与引导的难度。由突发公共事件所引发的每一次社会舆情几乎都是在互联网上酝酿、发酵并爆发,进而引起社会公众持续关注的。但是,无论全媒体时代的传播媒介如何特殊,无论观点交锋多么激烈,网络舆论场都不是法外之地。每一位社会成员在公共空间发布言论时,都必须牢固树立法律意识,在理性思考后审慎表达自己的观点主张。

全媒体时代思想政治教育过程发展需要树立科学管理思维,利用规范性的管理制度统筹一切资源的运转与使用。无论思想政治教育发展到何种程度,思想政治教育过程都离不开人力、财力和物力等资源的支持。如何在最大限度上发挥这些资源的协同效用,使之符合全媒体时代思想政治教育过程发展的基本要求,是思想政治教育过程媒介化转型必须解决的现实问题。在全媒体的综合渗透下,思想政治教育过程需要确立系统思维。无论构建资源聚合的思想政治教育平台,还是打造多元主体协同作用的思想政治教育共同体,都要以系统思维来看待、分析与解决问题。未来,大数据也会成为思想政治教育管理的基本方式。"一切问题、行为、关系、过程和结果都以数据的形式录存起来,然后被处理。"[①]大数据促进实现精准化的资源调动与配给,与思想政治教育相关的全部人力、财力和物力资源全部被

① 范如国:《公共管理研究基于大数据与社会计算的方法论革命》,《中国社会科学》2018年第9期。

调动起来，从而真正做到人尽其才、财尽其力和物尽其用。

五、要处理好“守正”与“创新”的关系

“破”与“立”、“道”与“术”、“法”与“器”三对关系无一不涉及关于“守正”与“创新”关系的反思。全媒体时代思想政治教育过程发展必然要出现辩证否定过去的创新发展新实践，那么，应该坚守什么、否定什么以及如何坚守、如何否定，都需予以回应。

在全媒体时代思想政治教育过程发展的进程中，要正确认识“变”与“不变”的辩证关系。马克思主义发展观关于创新的深刻揭示，为我们科学认识思想政治教育过程深度媒介化发展进程中“变”与“不变”的关系提供了思维启发。创新是个辩证否定的过程，只有先否定旧事物，才能对现有事物进行更新。发展并不是对旧事物的全盘否定，而是否定旧事物中已经彻底过时的因素，重新培育和建立起符合新形势要求的新因素。发展具有延续性特征，事物的变革与创新总是建立在以往成果的基础上不断向前推进的。鉴于思想政治教育所具有的特殊价值要求，处理好“变”与“不变”的关系直接关乎中国特色社会主义事业的发展方向。未来，在5G、AI、AR等新技术融合创新的推动下，思想政治教育过程是一个在教育主体、教育客体、教育时空、传播平台、教育方法、传播手段以及媒体文化等多种变量共同作用下实现的深度融合过程。由于这些变量处于不断变化的运动状态，思想政治教育过程的构成要素和运作机理也处于持续变化中。全媒体时代思想政治教育过程发展必须不断加强对这种持续变化的适应能力和应变能力。同时，思想政治教育过程的深度媒介化发展也要保持自身定力，不能一味地迎合技术发展趋势而放弃思想价值引领的根本坚守。

全媒体时代思想政治教育过程发展要树立综合创新的思维理念,并在坚守价值目标的基础上积极开展综合创新实践。有些人习惯于从渠道和平台融合的角度认识全媒体对思想政治教育过程创新的意义。事实上,全媒体对思想政治教育过程创新的意义远不止于此。整体而言,思想政治教育过程的媒介化转型不仅是教育方法和教育手段的创新,更涉及整体教育思维和教育理念的创新。全媒体与思想政治教育过程的深度融合越来越体现出以"用户至上"和"体验为王"的互联网思维,要求我们重新审视"以人为本"理念的内涵与表征,利用全媒体技术优势为教育对象营造更加良好的参与体验。在实践层面,全媒体与思想政治教育过程的深度融合必须遵循新技术环境下的宣传思想规律、新闻传播规律和媒体发展规律。思想政治教育过程的深度媒介化发展还要确立"跨界"思维,主动与游戏、动漫、小说、音乐、Vlog、短视频等形式融合,将教育融入日常生活。总的来说,只有在坚守价值目标的基础上不断地转变观念并积极行动,主动顺应并融入全媒体传播格局,才能在时代变迁中及时找准自己的坐标,并在永无止境的新技术革命中永葆生机与活力。

参考文献

1.阿尔文·托夫勒:《第三次浪潮》,朱志焱等译,北京:生活·读书·新知三联书店,1984 年,第 229 页。

2.约书亚·梅罗维茨:《消失的地域:电子媒介对社会行为的影响》,肖志军译,北京:清华大学出版社,2002 年,第 16 页。

3.洪浚浩:《新媒体究竟如何影响我们这个社会》载于喻发胜主编《新媒体与社会变革:融合·互联·共享国际学术研讨会论文集》,北京:中国传媒大学出版社,2017 年,第 114-115 页。

4.夏德元:《个体传播地位的历史变迁与传育的时代命题》,《复旦学报》(社会科学版)2012 年第 6 期。

5.李锡元:《管理沟通》,武汉:武汉大学出版社,2013 年,第 2 页。

6.习近平:《在网络安全和信息化工作座谈会上的讲话》,《人民日报》2016 年 4 月 26 日,第 2 版。

7.习近平:《在哲学社会科学工作座谈会上的讲话》,《人民日报》2016 年 5 月 19 日,第 2 版。

8.习近平:《在全国高校思想政治工作会议上的讲话》,《光明日报》2016 年 12 月 9 日,第 1 版。

9.《习近平新闻思想讲义(2018 年版)》,北京:人民出版社、学习出版社,2018 年,第 85、107 页。

10. 习近平:《加快推动媒体融合发展构建全媒体传播格局》,《求是》2019 年第 6 期。

11. 习近平:《关于〈中共中央关于坚持和完善中国特色社会主义制度推进国家治理体系和治理能力现代化若干重大问题的决定〉的说明》,《人民日报》2019 年 11 月 6 日,第 4 版。

12. 崔士鑫:《建设"全媒体",推动媒体融合向纵深发展——深入学习习近平总书记"1 · 25"重要讲话精神》,《传媒》2019 年第 3 期。

13. 亨利 · 詹金斯:《融合文化:新媒体和旧媒体的冲突地带》,杜永明译,北京:商务印书馆,2012 年,第 8、9、32 页。

14. 支庭荣:《我国媒体融合发展的内在逻辑与焦点问题》,《学术前沿》2019 年第 2 上期。

15. 严三九:《技术、生态、规范:媒体融合的关键要素》,《学术前沿》2019 年第 2 上期。

16. 彭虹:《涌现与活动:网络社会的传播视角》,北京:中国社会科学出版社,2010 年,第 3 页。

17. 李莉娟:《媒体融合下半场外宣期刊转型的若干思考》,《对外传播》2020 年第 2 期。

18. 刘扬:《媒体融合:在不断突破中向纵深迈进》,《青年记者》2020 年第 1 上期。

19. 方提、尹韵公:《习近平的"四全媒体"论探析》,《马克思主义研究》2019 年第 10 期。

20. 殷陆君等:《"四全媒体":媒体融合新方向》,《传媒》2019 年第 4 下期。

21. 郭全中:《全程全息全员全效媒体创新探析》,《中国出版》2019 年第 4 期。

22. 刘元华:《如何深入认识“全效媒体”的基本内涵》,《传媒》2019 年第 4 下期,

23. 陈力丹:《习近平论“建设全媒体”》,《新闻爱好者》2019 年第 4 期。

24. 胡正荣:《构建全媒体传播体系:内涵与层次》,《新闻与写作》2019 年第 8 期。

25. 刘香吉:《关于新时代全媒体理念的解读与思考》,《行政管理改革》2019 年第 7 期。

26. 叶芳:《全媒体时代的网络新闻:理论、方法与技术》,广州:世界图书出版公司,2016 年,第 24 页。

27. 赵子忠、郭好:《构建全媒体传播体系的路径和关键》,《新闻与写作》2019 年第 8 期。

28. 方提、尹韵公:《习近平的“四全媒体”论探析》,《马克思主义研究》2019 年第 10 期。

29. 陆庆壬:《思想政治教育学原理》,上海:复旦大学出版社,1986 年,第 25、116、117-120 页。

30. 邱伟光:《思想政治教育学概论》,天津:天津人民出版社,1988 年,第 170、175 页。

31. 张耀灿:《思想政治教育学原理》,武汉:华中师范大学出版社,1988 年,第 117、130 页。

32. 张耀灿、邱伟光:《思想政治教育学原理》,北京:高等教育出版社,1999 年,第 100 页。

33. 张耀灿、陈万柏:《思想政治教育学原理》,北京:高等教育出版社,2001 年,第 90、91、92、94 页。

34. 张耀灿、郑永廷、吴潜涛等:《现代思想政治教育学》,北京:人民出版社,2006 年,第 241-250、324 页。

35. 张耀灿、刘伟:《论教育环境是思想政治教育过程的要素》,《江汉论坛》2006 年第 5 期。

36. 陈万柏:《思想政治教育学原理》,北京:中国人民大学出版社,2012 年,第 46、220-222 页。

37. 陈秉公:《思想政治教育学原理》,沈阳:辽宁人民出版社,2001 年,第 128、132、138-141、166、167-185 页。

38. 陈秉公:《思想政治教育学原理》,北京:高等教育出版社,2006 年,第 115、127 页。

39. 骆郁廷:《思想政治教育原理与方法》,北京:高等教育出版社,2010 年,第 102 页。

40. 刘烨:《现代思想政治教育过程研究》,北京:中国社会科学出版社,2009 年,第 154、162、176 页。

41. 褚凤英:《思想政治教育过程的本质再认识》,《学校党建与思想教育》2011 年第 3 期。

42. 唐芳云:《遮蔽与解蔽:思想政治教育过程本质反思》,《学术论坛》2014 年第 6 期。

43. 赵野田、张应平:《思想政治教育过程研究综述》,《思想政治教育研究》2009 年第 2 期。

44. 李俊奎:《思想政治教育学导论》,哈尔滨:黑龙江人民出版社,2015 年,第 168 页。

45. 平章起、梁禹祥:《思想政治教育基本理论问题研究》,天津:南开大学出版社,2010 年,第 152 页。

46. 罗洪铁、董娅:《思想政治教育原理与方法基础理论研究》,北京:人民出版社,2005 年,第 104-105 页。

47. 靳玉军、周琪:《思想政治教育学原理》,重庆:西南师范大学出版社,2015 年,第 93-97 页。

48. 胡凯:《网络思想政治教育过程的特点及心理规律初探》,《思想教育研究》2016 年第 9 期。

49. 张慧欣、杜晶波:《思想政治教育学原理新编》,沈阳:东北大学出版社,2016 年,第 108-112 页。

50. 吴满意:《论网络思想政治教育过程的基本特征》,《毛泽东思想研究》2012 年第 4 期。

51. 王礼湛:《思想政治教育学》,杭州:浙江大学出版社,1989 年,第 172、214 页。

52. 金鉴康:《思想政治教育学》,北京:水利电力出版社,1987 年,第 158 页。

53. 仓道来:《思想政治教育学》,北京:北京大学出版社,2004 年,第 75 页。

54. 翟中杰:《高校网络思想政治教育过程研究》,博士学位论文,西北工业大学,2017 年,第 58-64 页。

55. 孟志中:《思想政治教育要素论》,《中国青年政治学院学报》2003 年第 22 期。

56. 文大稷、秦在东:《思想政治教育要素的再思考》,《学校党建与思想教育》2009 年第 9 期。

57. 沈壮海:《思想政治教育有效性研究》,武汉:武汉大学出版社,2008 年,第 61、199 页。

58. 朱燕、吴连霞:《浅析思想政治教育要素的构成》,《前沿》2005 年第 12 期。

59. 叶雷:《思想政治教育要素新论》,《前沿》2004 年第 6 期。

60. 田曼琦、白凯:《思想教育系统工程学》,北京:人民出版社,1989 年,第 62-67 页。

61. 杨立英:《网络思想政治教育论》,北京:人民出版社,

2003 年，第 142-149 页。

62. 蔡元元、刘娟娟：《新媒体环境下思想政治过程教育研究》，北京：中国广播影视出版社，2018 年，第 126、180 页。

63. 刘书林、陈立思：《青年思想政治教育学原理》，北京：中国青年出版社，1999 年，第 54 页。

64. 宋元林：《网络思想政治教育》，北京：人民出版社，2012 年，第 54 页。

65. 陈成文、徐景学：《论思想政治教育过程的基本规律》，《探索》1999 年第 1 期。

66. 韦冬雪：《思想政治教育过程规律体系探微》，《学术论坛》2008 年第 8 期。

67. 内尔・诺丁斯：《21 世纪的教育与民主》，陈彦旭等译，北京：人民出版社，2015 年，第 156、189 页。

68. 乔尔・斯普林：《美国学校教育传统与变革》，史静寰等译，北京：人民教育出版社，2010 年，第 68-69 页。

69. 托马斯・欧立希、欧内斯廷・付：《公民参与公民教育——两代人对公共服务的反思》，蒋菲等译，北京：人民出版社，2015 年，第 13-124 页。

70. 格・尼・菲洛诺夫：《德育进程：方法论与发展战略》，雷蕾等译，北京：人民出版社，2016 年，第 44 页。

71. 赵祥麟、王承绪：《杜威教育论著选》，上海：华东师范大学出版社，1981 年，第 379 页。

72. 戚万学：《冲突与整合——20 世纪西方道德教育理论》，济南：山东教育出版社，1995 年，第 459 页。

73. 梁庆婷、包娜：《全媒体时代思想政治教育话语的困境反思》，《中国矿业大学学报》（社会科学版）2019 年第 6 期。

74. 杨智勇:《全媒体时代大学生思想政治教育的审视与优化》,《思想理论教育》2019年第12期。

75. 李馨宇、李菡婷:《全媒体时代大学生主流意识形态认同与调适》,《思想理论教育导刊》2019年第12期。

76. 杨仲迎:《全媒体背景下高校思想政治教育有效性研究》,《学校党建与思想教育》2018年第9期。

77. 杨仲迎、薛深:《全媒体样态与高校思想政治教育的融合研究》,《学校党建与思想教育》2019年第9期。

78. 张亚兰:《全媒体时代大学生理想信念教育的三维路径》,《人民论坛》2019年第7中期。

79. 简臻锐:《全媒体时代思想政治理论课话语体系的创新发展》,《思想理论教育》2019年第11期。

80. 许慎:《全媒体时代思想政治理论课教学方法的综合创新》,《思想理论教育》2019年第12期。

81. 丁小芳:《全媒体时代舆论场的结构演化及其引导》,《南通大学学报(社会科学版)》2019年第4期。

82. 李超民:《论全媒体环境下宣传思想工作的创新》,《思想理论教育》2019年第6期。

83. 魏士国:《搭融媒体快车传播马克思主义》,《人民论坛》2019年第7期。

84. 宋建武:《全媒体传播格局中的主流价值引领》,《新闻与写作》2019年第11期。

85. 崔建西:《论全媒体时代宣传思想工作路径创新》,《学校党建与思想教育》2019年第8期。

86. 维克托·迈尔—舍恩伯格、肯尼思·库克耶:《与大数据同行:学习和教育的未来》,赵中建等译,上海:华东师范大学出版社，2014 年，第 102-104 页。

87. 托马斯·欧立希、欧内斯廷·付：《公民参与公民教育——两代人对公共服务的反思》，蒋菲等译，北京：人民出版社，2015 年，第 150 页。

88.《马克思恩格斯全集》第 1 卷，北京：人民出版社，1956 年，第 82 页。

89.《马克思恩格斯全集》第 1 卷，北京：人民出版社，2002 年，第 187 页。

90.《马克思恩格斯全集》第 3 卷，北京：人民出版社，2002 年，第 274、279、301、303 页。

91.《马克思恩格斯全集》第 3 卷，北京：人民出版社，1960 年，第 515、544 页。

92.《马克思恩格斯全集》第 42 卷，北京：人民出版社，1979 年，第 24 页。

93.《马克思恩格斯全集》第 30 卷，北京：人民出版社，1995 年，第 269 页。

94.《马克思恩格斯全集》第 40 卷，北京：人民出版社，1982 年，第 7 页。

95.《马克思恩格斯文集》第 1 卷，北京：人民出版社，2009 年，第 471 页。

96.《马克思恩格斯文集》第 4 卷，北京：人民出版社，2009 年，第 304 页。

97.《马克思恩格斯文集》第 5 卷，北京：人民出版社，2009 年，第 56 页。

98.《马克思恩格斯选集》第 1 卷，北京：人民出版社，1995 年，第 9、15-16、56、71-72、81、88、276、285、291、344 页。

99.《马克思恩格斯选集》第3卷,北京:人民出版社,1995年,第27、434、634页。

100.《马克思恩格斯选集》第4卷,北京:人民出版社,1995年,第697页。

101.《马克思恩格斯选集》第4卷,北京:人民出版社,2012年,第605页。

102.《马克思主义经典著作选读》,北京:人民出版社,1999年,第22页。

103.《列宁全集》第1卷,北京:人民出版社,1995年,第383页。

104.《列宁全集》第6卷,北京:人民出版社,1986年,第29、76、305页。

105.《列宁全集》第55卷,北京:人民出版社,1990年,第128页。

106.《列宁选集》第2卷,北京:人民出版社,1995年,第370页。

107.《列宁专题文集:论辩证唯物主义和历史唯物主义》,北京:人民出版社,2009年,第132页。

108.王贤卿、董扣艳:《习近平共同体思想的理论创新与时代价值》,《马克思主义研究》2018年第7期。

109.郭庆光:《传播学教程》,北京:中国人民大学出版社,1999年,第174-180页。

110.张隆栋:《大众传播学总论》,北京:中国人民大学出版社,1993年,第156页。

111.拉斯韦尔:《世界大战中的宣传技巧》,张洁等译,北京:中国人民大学出版社,2003年,第10页。

112. 丹尼斯·麦奎尔、斯文·温德尔:《大众传播模式论》,祝建华译,上海:上海译文出版社,1997 年,第 93 页。

113. 亚历克斯·蒂奥:《大众社会学》,丛霞译,北京:人民邮电出版社,2012 年,第 13 页。

114. 乔纳森·特纳:《社会学理论的结构》,邱泽奇译,北京:华夏出版社,2001 年,第 167 页。

115. 戴维·迈尔斯:《社会心理学(第 8 版)》,侯玉波等译,北京:人民邮电出版社,2006 年,第 2 页。

116. 赫伯特·马尔库塞:《单向度的人》,张峰等译,重庆:重庆出版社,1993 年,第 8 页。

117. 石书臣:《思想政治教育者的主导性及其转型》,《求实》2005 年第 1 期。

118. 黄少华:《网络社会学的基本议题》,杭州:浙江大学出版社,2013 年,第 15 页。

119. 岳金霞:《关于思想政治教育环境的界定分析》,《学校党建与思想教育》2004 年第 12 期。

120. 吕永波:《系统工程》,北京:清华大学出版社、北京交通大学出版社,2005 年,第 14、15 页。

121. 郑永廷、张国启:《论思想政治教育学科建设与发展》,《思想教育研究》2006 年第 2 期。

122. 熊建生:《思想政治教育内容结构论》,北京:中国社会科学出版社,2012 年,第 148、268 页。

123. 盛跃明:《思想政治教育转型论:现代性的观点》,北京:人民出版社,2015 年,第 218 页。

124. 张慧欣、杜晶波:《思想政治教育学原理新编》,沈阳:东北大学出版社,2016 年,第 89 页。

125. 苗东升:《论系统思维(四):深入内部精细地考察系统》,《系统辩证学学报》2005 年第 2 期。

126. 李志强:《论思想政治教育过程的结构及规律》,《学校党建与思想教育》2017 年第 9 期。

127. 粟国康:《思想政治教育功能研究》,北京:中国社会科学出版社,2019 年,第 63 页。

128. 韩庆祥、庞井君:《马克思的人学理论——对马克思的思想体系的一种新解释》,《中共中央党校学报》1997 年第 1 期。

129. 项久雨:《论多重视角下的思想政治教育主客体关系》,《教学与研究》2014 年第 9 期。

130. 邹广文、崔唯航:《从现成到生成——论哲学思维方式的现代转换》,《清华大学学报》(哲学社会科学版)2003 年第 2 期。

131. 廖志诚:《思想政治教育创新动力论》,北京:社会科学文献出版社,2012 年,第 157 页。

132. 詹万生:《整体构建德育体系总论》,北京:教育科学出版社,2001 年,第 185 页。

133. 李连科:《价值哲学引论》,北京:商务印书馆,1999 年,第 96 页。

134. 孙梦婵:《论新时代思想政治教育主要矛盾》,《思想政治教育研究》2019 年第 1 期。

135. 杨威:《思想政治教育发生论》,北京:中国社会科学出版社,2009 年,第 143 页。

136. 杨威:《人为什么需要接受思想政治教育?——兼论思想政治教育的个体根源》,《思想教育研究》2015 年第 4 期。

137. 唐芳云:《遮蔽与解蔽:思想政治教育过程本质反思》,

《学术论坛》2014 年第 6 期。

138. 赵静蓉:《文化记忆与身份认同》,北京:生活·读书·新知三联书店,2015 年,第 30 页。

139. 陈力丹、费杨生:《关系:移动互联时代传统媒体转型的逻辑起点》,《编辑之友》2016 年第 7 期。

140. 金雁、李兵、郑穗平:《传媒时代:人类认知新概念》,广州:中山大学出版社,2007 年,第 19 页。

141. 浙江省人力资源和社会保障厅、浙江省公务员局:《大数据时代政府治理创新》,杭州:浙江人民出版社,2017 年,第 18 页。

142. 张海鹰、滕谦:《网络传播概论》,上海:复旦大学出版社,2001 年,第 4 页。

143.费尔迪南·索绪尔:《普通语言学教程》,高名凯译,北京:商务印书馆,1980 年,第 37 页。

144. 匡宁、王习胜:《思想政治教育基本矛盾与主要矛盾的差异和关联》,《思想理论教育》2019 年第 8 期。

145. 范为启:《论事物内部的矛盾结构系统》,《临沂大学学报》2018 年第 3 期。

146. 张丽波:《媒体融合的"势"与"能"》,《红旗文稿》2019 年第 6 期。

147.《毛泽东文集》第 8 卷,北京:人民出版社,1999 年,第 306 页。

148.《毛泽东选集》第 1 卷,北京:人民出版社,1991 年,第 332 页。

149. 毛良升:《哲学视域中的创新研究》,长沙:湖南人民出版社,2014 年,第 149 页。

150. 闵绪国:《思想政治教育价值论》,北京:人民出版社,2017 年,第 53-54 页。

151. 谢静:《微信新闻:一个交往生成观的分析》,《中国社会科学文摘》2016 年第 9 期。

152. 喻国明、韩婷:《算法型信息分发:技术原理、机制创新与未来发展》,《新闻爱好者》2018 年第 4 期。

153. 马中红、陈霖:《无法忽视的另一种力量》,北京:清华大学出版社,2015 年,第 66 页。

154. 张震环、桑春红:《思想政治教育的规律体系探微》,《思想教育研究》2012 年第 9 期。

155. 王易、宋健林:《论新时代思想政治教育规律研究的科学化》,《重庆大学学报》(社会科学版)2018 年第 4 期。

156. 佘双好:《从说理教育到心理疏导——思想政治教育方法的发展》,《思想理论教育导刊》2011 年第 7 期。

157. 黄希庭:《心理学导论》,北京:人民教育出版社,2007 年,第 66 页。

158. 武东生、郝博炜:《思想政治教育有效利用人工智能的分析》,《马克思主义理论学科研究》2019 年第 3 期。

159. 常宴会:《人工智能在思想政治教育中的应用前景和价值前提探析》,《思想理论教育》2019 年第 8 期。

160. 马歇尔·麦克卢汉:《理解媒介:论人的延伸》,何道宽译,北京:商务印书馆,2001 年,第 33 页。

161. 张澍军:《德育哲学引论》,北京:中国社会科学出版社,2008 年,第 195 页。

162. 项敬尧:《论坚定思想政治教育政治性的三重向度》,《教学与研究》2019 年第 2 期。

163. 石书臣:《关于大中小学思想政治理论课教师队伍一体化建设的思考》,《思想理论教育》2019 年第 11 期。

164. 王承博、李小平、赵丰年等:《大数据时代碎片化学习研究》,《电化教育研究》2015 年第 10 期。

165. 范如国:《公共管理研究基于大数据与社会计算的方法论革命》,《中国社会科学》2018 年第 9 期。

166. 凯文·凯利:《科技想要什么》,熊祥译,北京:中信出版社,2011 年,第 41 页。

167. 汪信砚:《哲学社会科学创新论》,北京:中国社会科学出版社,2014 年,第 96-97 页。

168. 尼葛洛庞蒂:《数字化生存》,胡泳等译,海口:海南出版社,1996 年,第 3 页。

169. 刘建军、曹一建:《思想理论教育原理新探》,北京:高等教育出版社,2006 年,第 28 页。

170. Latar N L. The Robot Journalist in the Age of Social Physics: The End of Human Journalism? [M]// The New World of Transitioned Media. Cham: Springer International Publishing, 2015:65-80.

171. Coughlan, Tony Perryman. Survey on the use and effect of open educational resources [J]. Journal of Open Flexible & Distance Learning, 2012(3):85.

后 记

“数字中国”是“十四五”时期我国经济社会发展的重要目标。在数字中国建设背景下，互联网作为社会基础设施贯穿社会生活各领域各环节，并在深层次上重塑着社会生活方式。在无处不网、无时不网、无人不网的全媒体时代，线上线下生活世界相互融合，社会生活呈现出数字化、移动化和在线化特征。思想政治教育在中国一切事务中发挥着重要的“生命线”作用。受到全媒体时代数字智能技术的深刻影响，思想政治教育正在向深度媒介化状态过渡。这既是新的信息传播环境下思想政治教育现代化转型的必然要求，也是新的社会交往条件下思想政治教育治理效能提升的关键环节。

全媒体时代对思想政治教育过程的影响非常深刻，不仅在实践层面构建了体现媒介化特征和互联网思维的新教育图景，还为深化新时代思想政治教育学理研究提供了许多新的议题。本书从全媒体的“全程”“全员”“全息”“全效”等四个特性入手，围绕全媒体场域中思想政治教育过程的构成要素、运作机理、矛盾和规律等展开学理研究，试图呈现全媒体时代思想政治教育过程的新变化、新矛盾和新特质，为创新思想政治教育的基础理论研究贡献绵薄之力。

本书为在我的博士学位论文基础上修改而成。正如书中观点所说，世间万物都处于不断生成的发展状态，本书的成稿过程亦是如此。无论是文章框架建构，还是具体观点阐述，都是在反复推敲之后形成。尽管我一直从事思想政治教育专业的学习与研究工作，但是从来没有像本书写作期间这般，系统而集中地思考过这么多基础理论问题。

在本书成稿之际，我要向所有关心、支持与帮助过我的老师、同窗、同门、朋友和家人致以最诚挚的谢意。

感谢我的导师王贤卿教授。刚进入博士阶段，老师就鼓励我，要充分发挥自己的科班出身优势，从思政原理角度思考博士论文选题。老师的期望给了我很大的动力和信心，使得我敢于挑战要求相对较高的思政原理选题。她时常叮嘱我，论文写作要消耗很多心血，一定要保重身体。正是在老师的严格要求和关心鼓励下，我才能顺利写成此书。

感谢我的单位浙江大学马克思主义学院的领导和同事，自2020 年 6 月博士毕业至今我在此工作，他们的无私关怀和大力支持让我倍感温暖，激励着我前行。感谢我的家人始终给予我的关爱和支持，这是我昂首阔步走向未来人生的重要精神支撑。

本书经历了反复的修改，最终以现在的面貌呈现给读者。书稿修改也好，人的成长也好，都是在不断告别过去的基础上迎接更加美好的未来。期待在未来的人生旅程中，可以不断遇见更好的自己。

董扣艳

2022 春于浙江大学玉泉校区